power
briefing
drei minuten täglich
für ihr team

power
briefing

drei minuten täglich

für ih eam

MATTHAES VERLAG GMBH

INHALT

AUS DER PRAXIS – BEISPIELE UND TIPPS AUS DEM ALLTAG 100

ZUM GUTEN SCHLUSS 120

CHECKLISTEN FÜR DIE PRAXIS 124

VORWORT

Muss man ein Liebespärchen motivieren?
Wohl kaum! Sie »machen« es einfach – wild, mit vollem Elan und unter Umständen die ganze Nacht nackt im Schnee. Man muss diese beiden Leute nicht motivieren oder bitten; sie benötigen keine Aufforderung oder verhandeln über Voraussetzungen. Sie haben eine klare, kraftvolle Vision.

Aber wenn die natürliche Motivation Spaß macht, wie ist es dann möglich, dass das Thema Nummer eins in vielen Betrieben lautet: »Wie kann ich mein Team motivieren?« Das Motivationsproblem scheint eine Seuche zu sein. Alle bekämpfen das gleiche Virus: das Demotivations-Virus.

Wie passen diese beiden Bilder zusammen? Auf der einen Seite entsteht Motivation von allein, und auf der anderen Seite haben wir einen Mangel an Motivation. Gerne versucht man dann, den Mangel zu manipulieren, beispielsweise, indem man ein Motivationsseminar besucht.

Verstehen Sie den Haken an der Sache? Motivation entsteht immer aus einem natürlichen inneren Trieb heraus. Wir ignorieren diesen Verlauf und versuchen, die Motivation als etwas Mechanisches zu sehen, das man per Knopfdruck ein- und ausschalten kann – und wundern uns, wenn uns dies auf Dauer nicht richtig gelingt.

Das ist eine Falle – wir nennen sie die Motivationslüge. Man kann niemanden motivieren, der nicht von sich aus motiviert ist! Das heißt, wir sind motiviert oder eben auch nicht. Die allgemeine Vorstellung von Motivation gleicht einem künstlichen Konstrukt, doch sie existiert so nicht. Fast alle künstlichen Konstrukte der Vergangenheit sind gescheitert; die erfolgreichen Konzepte der Evolution basieren auf einem natürlichen Antrieb.

Diese Erkenntnis ist sehr wichtig, weil man sich sonst an der Optimierung eines falschen, kranken Systems abarbeitet, das man eben so auf Dauer nicht optimieren kann.

Deswegen verlassen wir die konstruierte Motivation und widmen uns der natürlichen Motivation – der Entfaltung. Wir stellen uns also die Frage: Was treibt Menschen an, bestimmte Tätigkeiten mit vollem Elan auszuführen und bestimmte Leistungen quasi von sich aus zu erbringen? Wir wissen, Menschen sind wie Herdentiere; sie wollen in ihrer Umgebung und in der weiteren Gesellschaft anerkannt und beliebt sein. Der Mensch will durch Leistung seinen Platz in der Gesellschaft sichern. Ein Fußballer will

Tore schießen, ein Schauspieler **will** die Rolle perfekt ausfüllen, ein Mitarbeiter **will** eine Top-Leistung bringen. Warum? Weil jeder Mensch Anerkennung und Respekt sucht und geliebt werden will. Das Motiv für Leistung ist in erster Linie der Erfolg.

Oft tritt aber das Gegenteil ein: Aus anfangs motivierten Menschen werden demotivierte Menschen. Wenn man bei einem Einstellungsgespräch den Bewerber fragt, warum er sich für diesen Job entschieden hat, hört man oft: Die Branche macht mir Spaß, ich bin gerne mit Menschen zusammen… Ein Jahr später treffen sie womöglich denselben Mitarbeiter als demotivierten Menschen wieder, der rein gar nichts mehr mit der Person gemein hat, die sie einmal eingestellt haben. Was ist da passiert?

Wir nennen Ihnen ein Beispiel:
Bekommt ein Mitarbeiter eine Frage gestellt, die er nicht beantworten kann, blamiert er sich. Er erlebt diesen Moment als Misserfolg, hat das Gefühl, Respekt und Anerkennung zu verlieren. Seine Bilanz genau an den Dingen, die ihn motivieren würden, ist also negativ. Und wenn ihm das öfter passiert, dann setzt sich innerlich ganz schnell die Vorstellung fest: »Die Kunden/der Chef/der Gast sind dazu da, blöde Fragen zu stellen.« Plötzlich werden Kunden als Störfaktor gesehen und der Mitarbeiter macht innerlich »zu«. Schon beflügelt das Arbeiten den Mitarbeiter nicht mehr, seine Motivation leidet und schwindet. Wer will schon gerne ein Loser

sein? Das wirkt sich dann auf das Umfeld aus – wie ein Stein, der ins Wasser fällt und seine Kreise immer größer zieht. Die negative Ausstrahlung eines Einzelnen kann ein ganzes Team anstecken. Da ist es kein Wunder, dass 80 Prozent der Arbeitnehmer als Kündigungsgrund schlechtes Betriebsklima und Chaos in der Organisation nennen.

Andererseits haben wir im Laufe der Jahre immer wieder beobachtet, dass Mitarbeiter, die ihr Metier beherrschen und in einem gut organisierten Betrieb arbeiten, am engagiertesten sind. Dann wachsen das Selbstbewusstsein und die Ausstrahlung. Und so machen der Job und die Kommunikation mit Menschen Spaß und lassen eine Entfaltung zu. Wir haben die Ziele der Entfaltung von einzelnen Mitarbeitern und ganzen Teams mit zwei modernen Wörtern definiert: fit und sexy. Mit »fit« meinen wir: guter Wissensstand, Schlagfertigkeit, intelligentes Beraten und Verkaufen. So beherrscht der Mitarbeiter sein Metier und fühlt sich stark. Mit »sexy« meinen wir: wache Ausstrahlung, Charme und Energie. Dadurch wird der Mitarbeiter von den Mitmenschen respektiert und geliebt. Das sind die beiden Flügel (wie die Tragflächen eines Flugzeugs), die Mitarbeiter brauchen, um »fliegen« zu können. Sie sollten gleich stark sein, sonst bekommt das Flugzeug Schlagseite oder fängt an zu trudeln. Die Lösung ist also nicht, das Team von außen künstlich zu motivieren (»Seid doch alle mal gut drauf und motiviert!«), sondern es geht darum, das Team fit und sexy zu machen. Dann folgt die Motivation zwangsläufig.

WAS IST EIN POWER BRIEFING?

WAS IST EIN POWER BRIEFING?

Ein power briefing ist ein kommunikatives Fest, bei dem alle auf natürliche und spielerische Weise peu à peu auf ein höheres Level geführt werden. Persönliche Entfaltung, Know-How-Transfer, Teamgeist und Selbstmotivation werden dadurch entfacht.

WARUM SCHULUNG ALLEIN NICHT REICHT

Sie haben zwei Chancen, Ihre Mitarbeiter fit und sexy zu machen: Schulungen und power briefings. Schulungen sind sehr wertvoll und essenziell wichtig, und doch muss man sich eingestehen, dass vieles, was dort an Input auf die Mitarbeiter zukommt, schnell wieder verloren geht. Das ist menschlich. Denken Sie an das Erlernen einer Fremdsprache: Manches lernt man schnell und kann es rasch abspeichern, andere Wörter oder Strukturen muss man sehr oft üben.

Wenn Schulungen etwas bringen sollen, sind sie sehr zeitaufwändig. Sie erfordern Organisation und konsequente Umsetzung. Die Teilnehmer hören und sehen etwas oft nur einmal und sollen es dann für immer können. Da ist es verständlich, dass der Wunsch nach »Nachhaltigkeit« nur schwer durch einzelne Schulungsmaßnahmen zu erfüllen ist.

ÜBEN, ÜBEN, ÜBEN

Aber es geht auch anders. Nehmen wir z. B. Sportler oder Künstler: Fußballer trainieren immer wieder bestimmte Standardsituationen, Opernsänger ihre Stimme, Schauspieler wiederholen die gleiche Szene, bis sie perfekt sitzt – wenn es sein muss auch hundert Mal. In Schulungen haben die Teilnehmer oft nur eine Chance. Im Laufe unsere Coachingtätigkeit haben wir viel ausprobiert. Die Grundfrage war klar: »Wie können wir Teams ohne viel zeitlichen Aufwand schulen, motivieren, führen und zugleich den Teamgeist entwickeln?« So ist das »power briefing« entstanden. Mit

diesem Verfahren können Teams in kurzen täglichen Sequenzen effektiv trainiert werden, das Wissen kann permanent ausgebaut und gefestigt werden, und gleichzeitig entwickelt sich eine gesunde Team-Power. Power briefing ist das beste Modul für die schnelle und effektive Qualifizierung von Mitarbeitern, besonders in einer Zeit, in der Fachkräfte immer begehrter werden.

Schulungen sind enorm wichtig. Aber sie kosten Zeit und Organisation, und das Erlernte wird oft schnell wieder vergessen. Mit permanenten Schulungen erreichen Sie zwar fantastische Mitarbeiter, aber noch lange keinen Team Spirit. Mit power briefings erreichen sie beides: top Mitarbeiter und ein top Betriebsklima plus Team Spirit. Das power briefing ist derzeit vielleicht das effektivste Tool in der Mitarbeiterführung. Und das Beste daran: Es kostet nichts – nur drei Minuten pro Tag, etwas Disziplin, Power, Lust und Spaß.

FIT UND SEXY DURCH POWER BRIEFINGS

Sie haben also beschlossen, Ihr Team fit und sexy zu machen. Aber wie? Ganz einfach: durch interaktive Briefings. Damit kann ein Team in kürzester Zeit in die »Champions League« geführt werden. Wir nennen diese Einheiten power briefings. Aber Vorsicht! Power briefings haben nichts mit herkömmlichen Briefings oder Meetings gemeinsam.

Wie sieht so ein power briefing aus und wie funktioniert es? Es dauert drei Minuten und wird jeden Tag kurz vor Arbeitsbeginn durchgeführt. Alle stehen in einem Kreis, und derjenige, der das power briefing leitet – wir nennen ihn den Briefing-Coach – hat einen kleinen Ball in der Hand. Der Briefing-Coach informiert das Team, wirft den Ball zu einem Mitarbeiter und fragt die gegebene Information ab – und kontrolliert so, ob das Wissen angekommen ist und ob es so angewendet wird, wie es nötig oder gewünscht ist.

Klingt super einfach – ist es auch!

Allerdings gibt es Spielregeln, deren Einhaltung zum maximalen Erfolg führt. Je genauer man sie einhält, desto besser sind die Ergebnisse. So kann man jedes Team – ob in der Gastronomie oder in der Hotellerie – motivieren, trainieren, informieren und zu Höchstleistungen anspornen. Das Team kann sich stützen, voneinander lernen und hat viel Spaß zusammen. Das ist tatsächlich eines der wichtigsten Argumente für das power briefing: Wir alle wissen, dass wir schneller lernen, weniger vergessen und uns selbst eher einbringen, wenn etwas Spaß macht.

Auf den nächsten Seiten lernen Sie,

▸ wie man Schritt für Schritt ein gelungenes power briefing aufbaut,

▸ warum man einzelne Dinge am besten auf eine bestimmte Art und Weise macht und

▸ wie viele Dinge man in drei Minuten unterbringen kann, wenn man sie bewusst steuert.

Diese Zauberformel für Erfolg funktioniert unglaublich einfach und nachhaltig. Wir installieren sie seit über fünfzehn Jahren in jede Art von Betrieb oder Firma. Sie ist der Schlüssel zu Umsatz und Ertrag.

WAS BRAUCHE ICH, UM EIN POWER BRIEFING DURCHZUFÜHREN?

Sie brauchen eine Investition von drei Minuten täglich. Das ist alles. Die drei Minuten kosten nichts – nur Liebe, Wissen, Intelligenz, Disziplin, Mut, Witz und natürlich Lust auf Erfolg.

Die folgenden Seiten sind eine Navigation zur Durchführung von power briefings. Aber Vorsicht! Die drei Minuten haben es in sich und werden Sie fordern.

POWER BRIEFING – DIE TOOLS

Der Kreis

Um Teamgeist zu erzeugen, versammeln wir die Teilnehmer des power briefings in einem geschlossenen Kreis. Mit diesem einfachen Ritual signalisieren wir sofort Teamgeist. Im Kreis fließt die Energie, alle sind gleich und gleich viel wert.

Informationen

Die Mitarbeiter sollen ihr Metier beherrschen, deshalb bilden wir in diesem Schritt des power briefings die Mitarbeiter aus. Durch Informationen reichern wir das Wissen jeden Tag weiter an.

Kommunikation

In diesem Teil des power briefings fragen wir das **Wissen** ab. Auf diese Weise fördern wir die Aufmerksamkeit und Kommunikation im Team.

Weisheit

In diesem Teil geht es um die Anwendung des Gelernten in der Praxis. Wir probieren Praxis-Dialoge aus und geben Gelegenheit zum Üben. So trainieren wir die Mitarbeiter zum Mitdenken und zum selbstständigen Handeln, und wir fördern die sprachliche Eloquenz im Umgang mit den Kunden.

Der Ball

Jetzt fehlt nur noch die Würze, die dem power briefing den gewissen Kick (Energy und Speed) gibt: Der Ball macht das power briefing spielerisch, er hält die Konzentration aufrecht, und er macht zu jedem Zeitpunkt ohne großes Chef-Gehabe klar, wer das power briefing leitet.

Minute 1

DREI MINUTEN POWER BRIEFING –
DIE KURZFASSUNG

Minute 1

Bilde mit den Mitarbeitern im Stehen einen geschlossenen Kreis. Das ist ein starkes Signal und zeigt: Jetzt geht es los, alles Private bleibt draußen. Als Erstes begrüßt der Briefing-Coach positiv sein Team, beispielsweise mit den Worten: »Hallo, alle zusammen – schön, euch zu sehen.« Dann gibt er die für den heutigen Tag wichtigen Informationen.

Im Restaurant: »Heute haben wir im Tagesangebot **Gegrillten Schwertfisch mit Tomatenconcassé und schwarzem Linsensalat;** dazu passt ein leichter Weißwein, ein Pinot grigio vom Castello di Roncade aus dem Veneto.«

Haben Sie's gemerkt? Bis hierher gehen die meisten Briefings. Einer spricht und alle hören (mehr oder weniger) zu.

Minute 2

Minute 2

Da wir aber Energie erzeugen und unser Team fit und sexy machen wollen, fördern wir im nächsten Schritt in erster Linie die Kommunikation. Wir fragen also die im ersten Schritt gegebenen Informationen ab und checken das Wissen. Am besten geht das mit einem kleinen Ball. Sie werfen der Person, der sie eine Frage stellen, den Ball zu – das fördert die Aufmerksamkeit und wirkt spielerisch.

Im Restaurant: »Nenn mir das Tagesangebot!« Der angesprochene Mitarbeiter wirft den Ball zurück und antwortet: »Gegrillter Schwertfisch mit Tomatenconcassé und schwarzem Linsensalat.« Und Sie geben ihm sofort (positives) Feedback: »Bravo!«

Minute 3

Im letzten Schritt checken wir die Weisheit: Wie kann man die Information anwenden, was kommt beim Gast/Kunden an? Dieser Schritt bewegt die

Minute 3

Mitarbeiter zum Mitdenken. Sie werden von Mal zu Mal souveräner und selbstbewusster.

Der Coach oder ein Teilnehmer des Briefings stellt eine Gastsituation nach: »Ich bin der Gast und sage zu dir (wirft einem anderen Mitarbeiter den Ball zu): ›Ich hätte gerne den Schwertfisch.‹ Was sagst du?« Der Mitarbeiter wirft den Ball zurück und nimmt das Gastgespräch auf: »Gerne, wir empfehlen zum Schwertfisch den Pinot grigio vom Castello di Roncade aus dem Veneto.« Und wieder folgt sofort ein Feedback: »Klasse!« Vielleicht ist auch noch ein kurzer Kommentar vom Coach im Team erforderlich. Am Ende fassen wir das Thema des heutigen power briefings noch einmal zusammen; dann verabschieden wir das Team und wünschen viel Erfolg. So funktioniert grob gesagt ein power briefing: Wir geben Informationen, fragen das Wissen ab und checken zum Schluss die Weisheit. So einfach ist das. Diese Technik hat es in sich, die Mitarbeiter werden gefordert, aufzupassen und die Informationen schnell zu verarbeiten – und das Gelernte anzuwenden.

21

VOM HERKÖMMLICHEN BRIEFING $\rightarrow$ ZUM POWER BRIEFING.

WAS UNTERSCHEIDET DAS POWER BRIEFING VON HERKÖMMLICHEN BRIEFINGS?

Im Grunde genommen sehen Meetings/Briefings in den meisten Firmen gleich aus: Einer spricht, alle sitzen um einen Tisch, die anderen hören mehr oder weniger aufmerksam zu. Eine monotone Berieselung beginnt. Nach kurzer Zeit werden die Teilnehmer müde. Vielen fällt es schwer, sich die Informationen zu merken. Oder aber es beginnt eine Diskussion und man landet bei einem völlig anderen Thema. Am Ende ist nicht viel passiert. Wer kennt nicht unendlich viele Meetings, die so oder ähnlich abgelaufen sind? Dann wird noch ein Protokoll geschrieben – das ohnehin keiner mehr liest. Viel Zeit und Energie ist verbraucht worden, und die Ergebnisse sind äußerst dürftig. Diese Meetings sind wie Vorträge, und wenn man hinterher Fragen stellt, kommen falsche oder zögerliche Antworten.

WIE VIEL KOMMT AN?
Ganze 20 bis 30 Prozent Informationstransfer gelingen mit herkömmlichen Meetings. Dies führt zu Energieverlust in allen Bereichen. Um den **vollen** Informationsaustausch zu erreichen, brauchen Sie täglich ein power briefing.

WIE VIEL BLEIBT HÄNGEN?
LESEN: **10 Prozent**
HÖREN: **20 Prozent**
SEHEN: **30 Prozent**
HÖREN UND SEHEN: **50 Prozent**
SELBST SAGEN: **70 Prozent**
SELBST TUN: **90 Prozent**

So, wie trainiert wird, wird später auch gespielt.

POWER BRIEFING FÜR EINE NEUE GENERATION VON MITARBEITERN

Da Mitarbeiter in erster Linie Menschen sind, muss die Frage erlaubt sein: Haben sich die Menschen in den letzten Jahren verändert? Und wenn ja, wie sieht diese Veränderung aus? Und schließlich: Welche Auswirkungen hat das auf die heutigen und zukünftigen Lernmethoden? Aus der Beantwortung dieser Fragen ergeben sich klare Vorgaben für das Handwerk und die Technik des power briefings.

Tatsächlich haben sich die Menschen in den letzten zwanzig Jahren erheblich verändert und entwickelt: Der durchschnittliche Weltbürger ist 27,6 Jahre jung, es haben sich neue Wertvorstellungen entwickelt, aufbauend auf Kooperation und gelingenden Beziehungen – weg von Kampf und individueller Auseinandersetzung. Außerdem haben sich die Altersstrukturen verändert, vor allem in den Köpfen: Altersgruppen, die noch vor wenigen Jahrzehnten als »alt« galten, sind heute wesentlich aktiver und gestalten ihr Umfeld sehr intensiv mit. Die Lernwege der Generationen untereinander haben sich ebenfalls verändert, weg von einem linearen Weitergeben von Erfahrung von den Älteren an die Jüngeren hin zu einem Voneinander-Lernen (Wenn Sie ein Problem mit Ihrem Handy haben, fragen Sie dann Ihre Eltern oder Ihre Kinder?)

Aus diesen Voraussetzungen ergibt sich eine Veränderung, ja, Auflösung von hierarchischen Strukturen. Der Wert des Einzelnen ist in der allgemeinen Wahrnehmung erheblich gestiegen. Auch die Zusammenarbeit im Team ist von symbiotischen Beziehungen geprägt.

Wir müssen also davon ausgehen, dass ein Paradigmenwechsel, ein Wertewandel stattgefunden hat. Und das hat Auswirkungen auf Formen des Managements und der Teambildung wie auch des gemeinsamen Lernens im Team. Wenn Sie ein Team zu führen haben, dürfen Sie davon ausgehen, dass Sie es mit professionellen, intelligenten, schnellen, offenen, neugierigen und leistungsorientierten Menschen zu tun haben – sofern Sie all diese Eigenschaften zulassen und die Mitarbeiter richtig ansprechen, motivieren und fordern. Potenziale entfalten sich, wenn man die Entfaltung zulässt.

Diese Erkenntnis wird zukünftige Lehr- und Lernmethoden entscheidend beeinflussen. Gelingt es Ihnen, die Potenziale Ihrer Mitarbeiter zu fördern, oder nicht? Die Chancen waren noch nie besser als jetzt! Mit dem power briefing sehen Sie innerhalb kürzester Zeit, welche Mitarbeiter ihre Potenziale entfalten wollen und welche nicht.

Alexander Munke spricht in diesem Zusammenhang von Hühnern und Adlern. Er beschreibt zwei Verhaltensweisen von Service-Mitarbeitern. Die einen nennt er »Hühner«: Bodenblick, Kassenblick, Waschbeckenblick, kein Augenkontakt. Hühner wissen schon alles, nehmen nicht an Weiterbildungsmaßnahmen teil, gackern viel, haben immer die schlechten Kunden und schauen sich permanent nach einem neuen Job um. Sie haben mehr Lust auf die Vergangenheit als auf die Zukunft. Adler dagegen haben alles im Blick, bringen Sauerstoff ins Unternehmen und haben Lust auf Innovationen. Aber, ganz wichtig: Hühner können mit der richtigen Förderung zu Adlern werden. Mit dem power briefing trennen sie die Spreu vom Weizen. Sie sehen innerhalb kürzester Zeit, wer sich zum Huhn oder zum Adler entwickelt.

EIN NEUES BILD DES MANAGERS

Das Wort Management stammt von dem italienischen Begriff **maneg-gio/maneggiare** und von dem französischen Wort **Manege** ab. Beides bezeichnet die Trainingsarena oder Manege (denken Sie an den Zirkus), in der beispielsweise die Pferde lernen, im Kreis herumzulaufen, während der Trainer sie mit einer langen Peitsche dirigiert.

Da die breite Masse lange Zeit für dumm gehalten wurde, brauchte es immer das Bild eines »allwissenden« Führers. Die wichtigste Tätigkeit des »allwissenden« Managers ist denn auch das Anweisen. Aber es gibt genug historische Beispiele, die uns zeigen, dass diese Form von »Führung« eher ins Verderben »führt« als in eine blühende Zukunft. Anders sieht die Sache aus, wenn wir an Menschen denken, die die Welt bereichert haben – von Beethoven bis David Garrett, von Goethe bis zu Bill Gates.

Die Weisheit der Menge braucht einen Fokus

Die Intelligenz der Menge – auch Schwarmintelligenz genannt – verpufft ins Leere, wenn sie nicht in einem Brennpunkt gebündelt, also fokussiert wird. So hatte die amerikanische CIA zahlreiche Hinweise auf bevorstehende Attentate bekommen, aber es gelang ihr nicht, diese Daten zu fokussieren und die richtigen Schlüsse zu ziehen. Und genau deshalb konnte das Attentat vom 11. September 2001 seinen Lauf nehmen.

Der Humanager

Betrachten wir noch einmal das Wort »Manager«: Darin können wir auch die englischen Wörter **man = Mensch** und age = Zeitalter entdecken. Der neue Manager ist ein **Humanager,** also jemand, der es versteht, auf zeitgemäße Weise positive Energien und freiwillige Leistungsbereitschaft in Menschen zutage zu fördern.

Das Bild des Kapitäns

Ein verantwortlicher Kapitän ist keiner, der einsame Entschlüsse fasst, sondern er ist ein »System-Manager«, eine Person, in der sich alle Daten der Schwarmweisheit bündeln und die aufgrund dieser Fokussierung die richtigen Handlungen in Gang setzt. So spricht man auch im Fußball aus gutem Grund nicht nur vom Spielführer, sondern auch vom Mannschaftskapitän. Die Mannschaft besitzt die Intelligenz der Menge, der Kapitän bündelt und lenkt diese Informationen.

So heißt das englische Wort »to lead« auch eher leiten, lenken als führen. Der alte »Führer« wird ersetzt durch den neuen System-Manager, den »Leader«. Das power briefing fördert diesen Gedanken und Ansatz des modernen Leaders.

Der Manager als Chamäleon

Erfolgreiche Firmen wie z. B. Red Bull verhalten sich verstärkt »chamäleon-artig«: Sie leben viele »Ichs« aus. Produkte oder Unternehmen können ganz unterschiedliche, klare Statements abgeben. Wir müssen akzeptieren, dass die Vielfalt der Facetten unser Leben bereichert. Red Bull zum Beispiel verkörpert immer Energie und Fun. Egal in welchen Bereichen sich das Unternehmen engagiert, es ist immer »high touch« und »high tech«. Ob im Freizeit- oder Amateursport, beim Snowkajak, bei den Flugtagen oder beim Big Tune, Red Bull ist dabei, ebenso wie in der professionellen Formel 1, bei der Rallye Paris-Dakar usw. Diese Vielfalt der »Ichs« hat auch Auswirkungen auf die Leader-Kultur.

Pflegen Sie den »Chamäleon-Gedanken«. Sie als Manager, als Coach und Talkmaster verändern die Facetten, sind immer lebendig. Erfinden Sie Geschichten und fördern Sie Potenziale bei den Mitarbeitern. Fordern und fördern Sie Ihre Mitarbeiter täglich neu. Je verrückter und mutiger, desto besser!

- ► WISSEN: Ich kenne mich aus.
- ► LEISTUNG: Ich bin motiviert und nicht dauernd übermüdet.
- ► INTELLIGENZ: Ich bin nicht der Gefangene von Meinungen.
- ► VERNETZUNG: Ich schaue über den Tellerrand meiner Person hinaus.
- ► EMOTIONEN: Ich denke positiv und höre auf zu jammern.
- ► ATTRAKTIVITÄT: Nichts ist so öde wie die Zeitung von gestern.

WISSEN, WAS MITARBEITER WOLLEN –
BEVOR SIE ES WOLLEN

Sind wir gegeneinander oder leben wir miteinander? Lange Zeit sind die Führungsstrukturen im Betrieb ausgesprochen oder unausgesprochen von einem geradezu darwinistischen Kampf aller gegen alle ausgegangen. Aber es gibt auch andere Entwicklungen. Joachim Bauer beschreibt in seinem Bestseller **Prinzip Menschlichkeit** eine Gegenbewegung:

▶ Menschen sind primär auf Kooperation und Resonanz eingestellt, nicht auf Egoismus und Konkurrenz.

▶ Durch ein gelingendes Miteinander werden im menschlichen Gehirn Botenstoffe ausgeschüttet, die gute Gefühle und Gesundheit erzeugen.

▶ Kern aller Motivation ist die zwischenmenschliche Zuwendung. Menschen sind darauf ausgerichtet, Wertschätzung und Liebe zu finden, zu empfangen und zu geben.

▶ Die Motivationssysteme springen an, wenn Anerkennung, Wertschätzung und Liebe erwartet werden. Sie schalten ab, wenn keine Chance auf soziale Zuwendung besteht.

Alle Ziele, die wir im Rahmen unseres normalen Alltags verfolgen – Ausbildung und berufliche Tätigkeit, finanzielle Ziele, Anschaffungen etc. – haben aus der Sicht unseres Gehirns einen tiefen, uns meist unbewussten »Sinn«: Wir zielen damit letztlich auf zwischenmenschliche Beziehungen, wollen diese errichten oder erhalten. Das Bemühen des Menschen, als Person gesehen zu werden, steht noch weit über dem, was landläufig als Selbsterhaltungstrieb bezeichnet wird.

Anfangs ging es uns in den power briefings nur um den Erfolg. Wir bildeten die Mitarbeiter zu Verkaufsassen aus. Der betriebliche Erfolg war gigantisch. Mitarbeiter, die den Betrieb verließen und in anderen Betrieben arbeiteten, kamen nach ein paar Wochen wieder zurück. Sie berichteten von schlechtem Betriebsklima, starren Hierarchien und Motivationsverlust. Und manchmal hörte man auch: »Die machen kein Briefing.« Schnell bemerkten wir, dass die power briefings weit mehr Potenzial hatten als die überragenden Eigenschaften als reine Qualifizierungstrainings. Das tägliche Ritual des power briefings hatte auch zum Inhalt, dass sich die Mitglieder eines Teams trafen und austauschten. Damit wurde ihr tiefer innerer Wunsch nach Kooperation, Bedeutung, gelingendem Miteinander, Zuwendung und Wertschätzung angesprochen.

Und uns wurde klar: Power briefings sind auch ein unschlagbares Mittel zur Teambildung.

Level 1

Level 2

DETAILS UND HINTERGRÜNDE

Der Kern des power briefings besteht aus drei einfachen Levels

Level 1: Informationen geben
Der Briefing-Coach gibt Informationen, zum Beispiel:

»Wir akzeptieren keine AMEX-Kreditkarten.«

Oder:
»Alle Mitarbeiter melden sich am Telefon wie folgt:
1. Wir begrüßen den Anrufer, beispielsweise mit »Guten Tag«.
2. Dann nennen wir den Firmennamen: »Teaching and Training«.
3. Und als Letztes nennen wir unseren Namen: »Sie sprechen mit Frau ...«

Oder:
»Heute haben wir eine Ebi Ramen Suppe – mit Shrimps, asiatischem Gemüse und Wakame – im Angebot.«

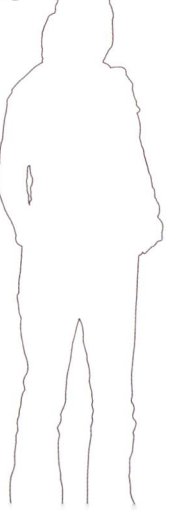

HEUTE HABEN WIR EINE EBI RAMEN SUPPE – MIT SHRIMPS, ASIATISCHEM GEMÜSE UND WAKAME – IM ANGEBOT.

Level 3

Level 2: Wissen abfragen
Der Briefing-Coach fragt die Information ab:

»Welche Kreditkarten akzeptieren wir nicht?«

Oder:
»Was ist eine Ebi Ramen Suppe?«

Oder:
»Wie melden wir uns am Telefon?«

Wenn eine Person eine Frage nicht beantworten kann, gibt der Coach die Frage im Team weiter, bis sie beantwortet ist. Am Schluss bekommt die Person, die die Frage nicht beantworten konnte, dieselbe Frage noch einmal gestellt. So lernen alle Mitarbeiter, dass sie aufpassen müssen und dass Wissenslücken nicht toleriert werden. Gleichzeitig zeigt der Briefing-Coach, dass er nichts vergisst und alles unter Kontrolle hat.

Ein weiterer wichtiger Punkt: Mit der Abfragetechnik bringen Sie die Mitarbeiter zum Sprechen. Das heißt, das Team kommuniziert jetzt miteinander. Da die Mitarbeiter wissen, dass jeder abgefragt wird (oder werden kann), passen alle wirklich auf. Denn kann eine Information, die gerade gegeben wurde, nicht wiederholt werden, erleidet man einen »Gesichtsverlust«. Diese »Blamage« vor dem Team möchte niemand erleben. Das garantiert wache, aufmerksame Mitarbeiter.

WELCHE SUPPE HABEN WIR HEUTE IM ANGEBOT?

EINE EBI RAMEN SUPPE.

31

Level 3: Die Weisheit (Umsetzung) checken

Der Briefing-Coach wirft einem Mitarbeiter den Ball zu und spielt beispielsweise eine Gast- oder Kundensituation nach:

»Herr Ober, ich hätte gerne eine Vorspeise.«

Der Briefing-Coach wartet jetzt, wie der Mitarbeiter reagiert. Der Mitarbeiter wirft den Ball zurück und sagt beispielsweise: »Unser Tagesangebot wäre heute eine Ebi Ramen Suppe.«

Der Briefing-Coach gibt sofort Feedback: »Bravo, gut gemacht!«

Mit dieser Technik werden die Mitarbeiter wach und zugleich zu Verkaufsassen ausgebildet: Sie werden fit und sexy. So einfach ist das. Das sofortige kurze Lob für eine gelungene Antwort spornt zusätzlich an und regt zu gelungenen, schönen Formulierungen an.

Sie werden überrascht sein, wie schnell sich die Mitarbeiter mit Hilfe dieser Technik entfalten können. Die täglichen drei Minuten power briefing vor Arbeitsbeginn zahlen sich doppelt und dreifach aus:

▸ Die Mitarbeiter lernen spielerisch das Angebot kennen.
▸ Die Mitarbeiter bleiben wach und frisch.
▸ Die Aufmerksamkeit wird erhöht.
▸ Der Verkaufsdialog wird gefördert.
▸ Ihr Service wird step by step schneller.
▸ Der Teamgeist verbessert sich.
▸ Es findet mehr Identifikation mit dem Betrieb statt.
▸ Die Organisation wird effektiver.

Insgesamt haben wir außerdem festgestellt, dass die Kommunikation im Team sich verbessert: Die Mitarbeiter lernen es, zu sprechen, und zwar mit gelungenen Formulierungen. Sie verwenden einfache, schnelle, kluge Sätze. Aber sie lernen ganz neben bei auch, **miteinander** zu sprechen. Der positive Austausch wird zum Normalfall, sodass Dinge früher und schneller angesprochen werden können, die sonst zum Problem werden könnten. Mit dieser der Drei-Level-Technik entwickeln Sie spielerisch Ihre individuelle Unternehmenskultur.

POWER BRIEFING EINFÜHREN UND AM LEBEN ERHALTEN

Ein power briefing kann nicht durch Knopfdruck implementiert werden. Wie alle Systeme, die neu eingeführt werden, sind auch die power briefings natürlichen Gesetzen und Gefahren ausgesetzt. Damit Ihr power briefing nicht wieder einschläft, sondern ein fester Bestandteil der Unternehmenskultur wird, widmen wir uns später noch genauer den Details der perfekten Durchführung.

In dem Wort Erfolg steckt schon das Wort »Folge«. Und tatsächlich ist Erfolg immer die Folge von etwas. Deswegen sollten Sie auf alles vorbereitet sein. Wie gehe ich mit Widerständen um? Mit einem gelangweilten Gesichtsausdruck? Mit Desinteresse, falschen Antworten usw.? Diese Situationen sind wahre Geschenke und pure Nahrung für power briefings, denn sobald solche »Probleme« auftauchen, haben Sie die Möglichkeit, darauf einzugehen und professionell zu reagieren.

Generell gilt: Beim power briefing ist das Problem die Lösung.

POWER BRIEFING –
DER NUTZEN

POWER BRIEFING – DER NUTZEN

Ihre Benefits

▶ Top Betriebsklima
▶ Weniger Krankheitsfälle
▶ Bessere Integration von neuen Mitarbeitern
▶ Alle sind gleich
▶ Der Chef wird als Leader respektiert
▶ Die Leistung wird kontinuierlich gesteigert
▶ Die Mitarbeiter denken mit
▶ Mehr Umsatz und Ertrag
▶ Mehr Spaß an der Arbeit
▶ Effizienz
▶ Ihre Kunden werden auf wache Mitarbeiter treffen

MIT POWER BRIEFING ERFOLGREICH FÜHREN

In einem power briefing kann sich das ganze Leben eines Betriebes spiegeln, von der Sachkompetenz über Abläufe, Zusatzverkauf, Disziplin, Haltung, Wissen bis hin zu Energy, Style und Humor. So wie gebrieft wird, so wird später gespielt. Derjenige, der das Briefing durchführt, ist immer ein Vorbild für die anderen und stärkt – als Nebeneffekt – seine eigene Position.

Mit jeder Aktion senden sie eine Botschaft. Machen sie keine power briefings oder schlafen diese wieder ein, so ist das auch eine Botschaft an das Team: Ich ziehe nicht durch, was ich mir vorgenommen habe. Ich fordere, aber halte es selbst nicht ein.

Loben
Während des power briefings muss jede Antwort eines Mitarbeiters kurz kommentiert werden. Belohnen sie jede attraktive Antwort mit einer kurzen Reaktion: Klasse, top, super, genau! Kommentieren Sie auch die Antworten, die nicht so gut sind, ohne dabei zu streng zu sein: Naja, mmmh …

Es geht vor allem darum, zu loben. So hat der Coach die Gelegenheit, sofort auf alles, was richtig ist, zu reagieren. Im Alltag neigen wir dazu, erst die Fehler zu sehen. Im power briefing können wir unsere Anerkennung ausdrücken – das motiviert und belohnt den Einsatz. So wird auch tägliche Routine gewürdigt und der Respekt dafür ausgedrückt. Außerdem wird die Formulierungsfähigkeit ausgebildet. Und damit spornen Sie Mitarbeiter zu Höchstleistungen an und schaffen gleichzeitig ein positives Klima.

Mit jeder Aktion senden Sie eine Botschaft an das Team – dass muss Ihnen immer bewusst sein. Mit dem Loben signalisieren Sie: Jeder positive Einsatz wird gewürdigt. Je attraktiver und gelungener die Antworten, desto stärker ist das Lob. Diese positive Kommunikation färbt zunehmend auf den Betrieb ab.

Dieter Schenk (links), Operation Manager Club Robinson ist ein Fan von Power Briefings.

Was bringt der Level »Information«?

Mit dem Level 1 – Information – trainieren Sie Wissen. Und Wissen ist auch als Anti-Blamage-Programm zu verstehen. Denn wenn ein Gast / Kunde eine Frage stellt, die ein Mitarbeiter nicht beantworten kann, blamiert sich der Mitarbeiter. Und blamierte Mitarbeiter verschließen sich und sehen den Gast / Kunden zunehmend als Störfaktor, frei nach dem Motto: »Gäste / Kunden sind nur dazu da, blöde Fragen zu stellen oder einen von der Arbeit abzuhalten.«

Durch die Informationstechnik überlassen Sie nichts dem Zufall. So können Sie sicher sein, dass Ihre Mitarbeiter informiert und gut vorbereitet sind.

Welche Botschaft vermittelt der Level »Information«?

Unterbewusst signalisieren Sie Ihrem Team: »Mir ist wichtig, dass ihr informiert seid. Mir ist wichtig, dass ihr unsere Produkte kennt, und mir ist wichtig, dass ihr mitbekommt: Eure Führungsleute füttern euch mit Informationen und unterstützen euch!«

Der britische Staatsmann Benjamin Disraeli, Premierminister unter Königin Victoria, hat einmal gesagt: »Gewöhnlich ist im Leben der Erfolgreichste auch der Bestinformierte.«

Was bringt der Level »Wissen abfragen«?

Mit der Abfragetechnik kontrollieren Sie, ob Ihre Informationen angekommen sind und auch verstanden wurden. Man kann sagen: Von der Festplatte auf den Bildschirm. Ihre Mitarbeiter haben viele Informationen abgespeichert. Brauchen sie etwas, so müssen sie oft danach suchen. Mit dem Level »Wissen abfragen« trainieren Sie den Arbeitsspeicher. Der Mitarbeiter, dem Sie den Ball zuwerfen, weiß, wo die Informationen gespeichert sind, und kann spontan auf sie zugreifen. Mit diesem Baustein wird das power briefing erst lebendig und effizient, denn Sie prüfen, ob der Mitarbeiter auf dem ersten Level aufgepasst hat. Sie können die Aussprache fremder Wörter kontrollieren, checken, wie viel Wissen der Mitarbeiter aufnehmen konnte, ob er alle Details verstanden hat, usw. Und vor allem: Sie kommunizieren im Team.

Wenn Ihre Informationen nicht ankommen, müssen Sie Ihre Art der Informationsübermittlung überprüfen!

Welche Botschaft vermittelt der Level »Wissen abfragen?«

Unterbewusst signalisieren Sie: »Mir ist wichtig, dass du beim Informationstransfer aufpasst. Mir ist wichtig, dass du die Informationen abspeicherst und jederzeit abrufen kannst.«

Denn beides ist später auch beim Gast / Kunden wichtig: zuhören und aufpassen.

Was bringt der Level »Weisheit«?

Vor einigen Jahren leitete ich eine Lifestyle-Pizzeria in München. Wir hatten extravagante Pizzen wie z.B. eine »Sushi Riva Pizza«; das war eine hauchdünne Holzofenpizza, bestrichen mit Wasabi-Crème fraîche und belegt mit mariniertem rohen Thunfisch-Carpaccio und frischem Koriander. Eine meiner erfahrenen Mitarbeiterinnen antwortete auf die Frage eines Gastes: »Wie schmeckt denn die Sushi-Pizza?« mit dem Satz: »Das ist Geschmacksache.« Natürlich bestellte der Gast daraufhin eine klassische Salamipizza. Unglaublich! Es gab Gäste, die fuhren kilometerweit für diese Pizza. Diese Pizza ist einzigartig! Ich wusste sofort, die Mitarbeiterin trifft keine Schuld, wir müssen unser Briefing erweitern und umstellen. Information plus Abfragetechnik reichen nicht aus, wir müssen reale Gastsituationen nachspielen, einstudieren und zugleich prüfen, welche Antwort ein Gast im »Ernstfall« erhält.

Sie werden überrascht sein, wie Mitarbeiter reagieren, wenn sie abweichend von den Standardfragen angesprochen werden, z.B. mit Fragen nach Geschmack oder Qualität von Produkten, bei Reklamationen oder in englischer Sprache. Da gibt es Servicekräfte, die auf die Frage nach der Qualität des Rib-Eye-Steaks mit gelangweiltem Unterton antworten: »Tut mir leid, ich bin Vegetarier.« Oder Rezeptionskräfte, die einen unerwartet eintreffenden Gast mit den Worten »Tut mir leid, wir sind ausgebucht« stehen lassen.

Es ist also nicht damit getan, Informationen zu geben und abzufragen. Sie müssen die Anwendung in der Praxis überprüfen, und dazu ist das power briefing ein exzellentes Mittel.

Konkret heißt das: Der Briefing-Coach stellt nach der »Ich sage, du sagst«-Technik typische Fragen, die von einem Gast/Kunden kommen könnten und eine »Weisheitsantwort« erfordern, also eine weitergehende Anwendung der gespeicherten Informationen. Das Rollenspiel wird noch wirkungsvoller, wenn Sie dabei Ihre Stimme und Ihre (Körper-)Sprache verstellen. Spielen Sie ein Kind, eine ältere Frau oder einen hektischen Business-Gast und verändern Sie dementsprechend ihre Sprache.

»Wie schmeckt der Valrhona-Scholadenkuchen?«

»Können Sie mir den Tageswein empfehlen?«

»Ich warte schon seit zehn Minuten!«

»Wo finde ich das Müsli?«

»Wo sind denn die Toiletten?«

Wie reagieren Ihre Mitarbeiter auf solche Fragen von Kunden bzw. Gästen? Dieses Dialog-Training ist sehr wichtig. Im power briefing schulen Sie reale Situationen und machen damit die Mitarbeiter schneller und sicherer: Der »Arbeitsspeicher« wird trainiert.

Fragen Sie auch Ihre Mitarbeiter immer wieder einmal, auf welche Kunden-/Gästefragen sie gerne eine gute Antwort hätten. Ein Teilnehmer möchte beispielsweise wissen: Wie soll ich reagieren, wenn ein Gast auf meine Frage »Möchten Sie noch einen Averna oder einen Grappa zu Ihrem Espresso?« mit der Gegenfrage reagiert: »Ist der umsonst?«? Gäste wollen oft mit dem Service herumalbern; jetzt gilt es, sich nicht zu blamieren und schlagfertig zu sein, ein Talent, das nicht jedem gleich leichtfällt. Die Antwort »Nein, der ist nicht umsonst.« wäre humorlos und peinlich. Aber man kann mit: »Umsonst ist der nette Service« antworten, und dann kann der Verkauf sofort weitergehen: »Darf es ein Grappa sein?« Diese Antworten suchen Ihre Mitarbeiter – nutzen Sie in diesem Zusammenhang unbedingt auch das Know-How Ihrer erfahrenen Leute und kitzeln Sie deren Lösungen hervor.

Welche Botschaft vermittelt der Level »Weisheit«?
Unterbewusst signalisieren Sie: Ich überlasse nichts dem Zufall, ich möchte, dass ihr das Erlernte richtig umsetzt. So definieren Sie Ihren Service. Jeder im Team weiß, was Sie gut finden und was nicht. Also vermitteln Sie die Botschaft: »Mitdenken, mitessen, mittrinken, mitkaufen …«

Leader-Präsenz

Wie schon erwähnt, kann man in einem Briefing das ganze Serviceleben spiegeln. Sie erkennen in aller Klarheit den Stand der Disziplin, Aufmerksamkeit, Verkaufstechnik usw.

Wenn Sie die Briefing-Regeln praktizieren, dann üben Sie dabei diese Dinge ein und zeigen: »Ich bin der Kapitän und steuere das Schiff.« Wenn ein Mitarbeiter das Gesicht verzieht und eine gelangweilte Haltung einnimmt, zeigt er Ihnen: »Schon wieder ein Briefing – schrecklich!« Sie erkennen also genau, wer bereit ist, nach vorne zu blicken, und wer nicht. Dulden Sie solch ein destruktives Verhalten nicht. Sprechen Sie diese Person in einem Vier-Augen-Gespräch an und klären Sie, dass diese Haltung nicht akzeptiert wird.

Jeder Mitarbeiter vermittelt mit seiner Teilnahme den anderen Mitarbeitern ebenfalls eine Botschaft. Deshalb ist es wichtig, dass alle mit Freude und Elan am power briefing teilnehmen. Desinteresse ist ansteckend und muss sofort unterbunden werden. Derjenige, der Desinteresse zeigt, kann ja auch nicht beim zweihundertsten Gast / Kunden das Gesicht verziehen nach dem Motto: »Oje, schon wieder ein Kunde!« Jeden Tag mit derselben Aufmerksamkeit und Freude am Briefing teilzunehmen wird selbstverständlich werden und trainiert auf eine lockere Art die innere Einstellung der Mitarbeiter.

»Schon wieder ein Briefing, was soll denn das?«
Lassen Sie sich von solchen Sprüchen nicht beeinflussen. Das ist ein Trick und eine Einladung zum Aufhören.

Zu zweit

Es gelingt nicht immer, mit allen Mitarbeitern zusammen ein power briefing durchzuführen. Manchmal kommen die Mitarbeiter zu den unterschiedlichsten Zeiten peu à peu zur Schicht. Briefen Sie trotzdem jeden Mitarbeiter jeden Tag, auch wenn es nur ein kleines, dreißig Sekunden dauerndes Zweier-Briefing ist. Informieren Sie den Mitarbeiter, was heute das Tagesthema ist oder im Gruppenbriefing besprochen wurde. Fragen Sie ihn kurz ab und wünschen Sie ihm viel Spaß bei der Schicht. Geben Sie jedem Mitarbeiter täglich eine Botschaft mit. Das tägliche Briefing ist wie ein »Segen des Tages« zu sehen: Der Mitarbeiter bekommt einen guten Geist mit auf die Schicht.

Da aber die Kreisdynamik für das Teambuilding sehr wichtig ist, sollten Sie immer versuchen, irgendwie einen Weg zu finden, damit das ganze Team zusammenkommt. Das tägliche Ritual formt zunehmend das Team.

Tadeln

Sie sollten nie in einem Briefing eine einzelne Person tadeln. Besser ist es, Sie sprechen die gesamte Gruppe an, indem Sie beispielsweise sagen: »Ich erinnere nochmals alle daran, dass während der Arbeitszeit nicht privat telefoniert wird.« Derjenige, der gemeint ist, versteht die Botschaft. Erleidet ein Einzelner einen »Gesichtsverlust« vor der Gruppe, so ist das meist der Grundstein für mehr Ärger, auch wenn die Kritik gerechtfertigt ist. Deshalb sollten solche Situationen generell vermieden werden.

Wenn Sie so richtig sauer sind und das Team Ihren Unmut unmissverständlich spüren lassen wollen, dann sagen Sie, was Sie stört und reden dann nicht mehr weiter: »Mich stört das Telefonieren am Arbeitsplatz, ich will nie mehr jemanden dabei erwischen.« Und jetzt – Schweigen. Halten Sie das aus, auch wenn es eine Weile dauert. Warten Sie, sehen Sie in das Team. Schauen Sie Ihre Leute einzeln an. Sie dürfen auf keinen Fall selbst wieder das Wort ergreifen. Diese Stille geht ins Rückenmark. Das kann etwas dauern. Irgendwann wird ein Mitarbeiter das Wort ergreifen, um die höchst unangenehme Situation zu beenden. Dann, und wirklich erst dann, dürfen Sie weitermachen. Das wirkt.

Rumzicken

Während des Briefings stehen Sie durch den Kreis nah am Mitarbeiter. Niemand kann sich und seine Gefühle verstecken. Deshalb sprechen Sie immer alle in der Gruppe an – so fühlt sich niemand gekränkt. »Rumgezicke« wird schnell der Vergangenheit angehören, das haben wir in vielen Betrieben gesehen. Fragen Sie doch einfach mal jeden Einzelnen, wie hoch sein Energielevel heute ist!

Mitarbeiter 1 sagt: 100 Prozent

Mitarbeiter 2 sagt: 95 Prozent

Mitarbeiter 3 sagt vielleicht: 50 Prozent

Antworten Sie mit: »50 Prozent? Was ist los, brauchst du noch einen Red Bull?«

Sie haben die Lacher auf ihrer Seite. Wichtig ist dabei, dass die Mitarbeiter Gelegenheit haben, Dampf abzulassen und Ihnen mitteilen können, wenn es Ihnen wirklich nicht so gut geht. In der Praxis wird der Betreffende dann beweisen wollen, dass er trotzdem seine Leistung bringt. Auch wird es peinlich, wenn alle motiviert sind und nur einer immer derjenige ist, der sagt, er ist müde, hat keine Lust oder ist »ein bisschen krank«.

Und damit kommen wir zu einem zweiten Benefit des power briefings: der Teambildung.

TEAMBILDUNG MIT POWER BRIEFING

»Das ist was für die Unerfahrenen, wir brauchen so was nicht.« So lautet eine Aussage eines langjährigen Mitarbeiters, die Sie vielleicht auch zu hören bekommen. Derartige Sätze sind wunderbare Geschenke für den Briefing-Coach. Wer so etwas sagt, ist meistens ein Egoist und arbeitet für sich und nicht fürs Team. Jetzt haben Sie die Gelegenheit, diesen Egoismus abzubauen. Wie? Indem Sie dem betreffenden Mitarbeiter klar machen, dass er ein Teammitglied ist, dass alle einander respektieren sollen und dass er wie jeder andere mitmachen muss. Die Unerfahrenen sollen ja von den Erfahrenen lernen. Und schon haben Sie ihn. Er ist vorerst gezwungen mitmachen und wird nach einer gewissen Zeit sehen, dass es Spaß macht. Dadurch wird er ein Mitglied des Teams werden. So wie Sie sich das immer gewünscht haben.

Alle sind gleich

Mit dem power briefing stellen Sie alle Mitarbeiter auf dieselbe Ebene. Egal, ob jemand fünfundvierzig Jahre im Unternehmen ist oder erst drei Tage: Niemand wird bevorzugt oder benachteiligt. Jeder muss fit und sexy sein. Es geht nur um die Sache. Das tägliche kurze Treffen schweißt die Mitarbeiter zusammen. Aus Individualisten wird ein Team. Das Briefing ist mental sehr wertvoll. Es fördert die Integration von neuen Mitarbeitern. Jeder fühlt sich gleichwertig. Schnittpunkte, die eventuell Konfliktpotenzial enthalten (Küche/Service oder Verkauf/Lager), entkrampfen sich und lösen sich meist durch ein Wir-Gefühl auf. Man entwickelt Verständnis für die Sicht der anderen, und Reibereien verlaufen nicht mehr so hart. Die Mitarbeiter dürfen sich äußern und zeigen, was sie draufhaben. Das ist Wertschätzung pur. Das Resultat ist ein top Betriebsklima.

Mit dem täglichen Versammeln im Kreis signalisieren sie Lust und Demut vor dem Betrieb. Dieses tägliche Ritual ist wichtig, um allen zu zeigen, wo es langgeht. Gleichzeitig beziehen Sie alle mit ein; Hierarchien verlieren ihre Schärfe.

Betriebe mit einer verhärteten Personalstruktur gepaart mit einem oftmals angespannten Betriebsklima (eine Mischung aus langjährigen erfahrenen Mitarbeitern und neuen unerfahrenen Mitarbeitern) wurden binnen kürzester Zeit zu einem homogenen Team geformt. Aus Ordertakern wurden verkaufsorientierte Verkaufsasse. Aus einem verschlafenen Team wurde ein waches Team. Wie? Ganz einfach: fit und sexy durch power briefings.

Briefing mit Menschen aus verschiedenen Kulturkreisen

Interner Wettstreit

Wenn Sie die Fragen an Ihre Mitarbeiter gut stellen und ihnen richtig gute Antworten entlocken können, fördert das den internen »Wer ist der Beste«-Wettstreit. Wir haben das oft gesehen. Verleihen Sie dem Frage-und-Antwort-Spiel bewusst einen Wettkampfcharakter. Ein Beispiel:

Briefing-Coach: »Welches Produkt ist heute neu im Angebot?«

Mitarbeiter Nr. 1: »Der Thai-Salat.«

Briefing-Coach: »Okay.« **Dann leitet er die Frage an den nächsten Mitarbeiter weiter:** »Was sagst du?«

Mitarbeiter Nr. 2: »Der Thai-Salat mit frischen Mangos, Chicken und frischen asiatischen Kräutern.«

Briefing-Coach: »Klasse!«

Spüren Sie den Unterschied? Vielleicht denkt der eine oder andere Mitarbeiter jetzt: »So ein Streber!«, aber das muss Ihnen (und dem Kollegen) egal sein. Sie zeigen damit, dass Sie richtig gute Antworten wollen und diese auch mehr schätzen als die Standardantworten. Je ausführlicher und schöner die Antwort ist, umso reicher soll dann auch das Lob ausfallen.

Am Ende des Briefings stellen Sie dem ersten Mitarbeiter noch einmal die Frage vom Anfang. Jetzt hat er die Möglichkeit, sein Gesicht zu wahren und noch einen draufzusetzen. Das ist Sportsgeist.

ERFOLGREICH VERKAUFEN
MIT POWER BRIEFING

Die Angebotskenntnis ist einer der wichtigsten Faktoren für einen erfolgreichen Service. Wie oft ist die Antwort eines Mitarbeiters: »Das wusste ich nicht.« oder »Das hat mir keiner gesagt.«? Oder es wird nur die einfachste oder offensichtlichste Lösung angeboten. Bilden Sie Ihre Mitarbeiter aus und machen Sie sie fitter, als es der Kunde ist. Kunden sind heutzutage bestens informiert. Der Mitarbeiter muss alles wissen und dabei mit den Verhaltensweisen der Kunden umgehen können. Nach dem Motto: Frag nicht Google, frag mich.

Speed

Ein Mitarbeiter, mit dem keine Dialoge trainiert wurden, muss bei Fragen von Kunden zu lange nachdenken. Schlichte Antworten sind dann das Resultat. Beliebt sind auch Notlösungen wie »gut«. Ein furchtbares Beispiel dazu:

Gast: »Wie schmeckt denn dieser mittlere Kuchen?«

Service: »Gut.«

Gast: »Und der linke?«

Service: »Auch gut.«

Gast: »Und der rechte?«

Service: »Alle sind gut!«

Schulen Sie deshalb die Reaktionen und Antworten Ihrer Mitarbeiter nicht nur bei Standardfragen, sondern auch in Ausnahmesituationen. Fordern Sie damit die Kreativität heraus. Am besten mit dem Fragemuster »Reagieren und aktiv«.

Wie geht das? Spielen Sie während des Briefings in einer Fragerunde den Kunden und küren Sie die beste, lustigste, ungewöhnlichste oder intelligenteste Antwort.

Bei dieser Gelegenheit wird der Wortschatz der Mitarbeiter bereichert. Wir alle wissen, dass wir bei immer gleichen Fragen gerne die gleichen Standardantworten geben. Am Ende bleibt ein monotoner, langweiliger »Fünf-Wörter-Satz«. Dieses Training kitzelt die vielen schönen Wörter und Sätze aus den Tiefen unseres Gedächtnisses hervor, die wir alle aus »Mundfaulheilt« begraben haben.

Oder suchen sie in einer Fragerunde ein anderes Wort für gut …

Ziele vermitteln
Wiederholen Sie am Ende des power briefings den Fokus des Briefings und die Ziele, beispielsweise so: »Heute hatten wir den Fokus Kaffee-Verkauf. Unser Ziel ist, dass jeder Gast nach dem Dessert noch einen Espresso, Cappucino oder Latte macchiato nimmt. Wir achten darauf, dass wir den Kunden aktiv zwei bis drei individuelle Kaffees anbieten. Ich wünsche euch viel Spaß dabei!

Führungsqualität entwickeln
Eine Person leitet das Briefing – der Briefing-Coach. Das sollte, wenn möglich, immer der verantwortliche Teamleiter oder Supervisor sein. Damit signalisiert er/sie: Ich bin der Kapitän, die Führungsperson. Die Mitarbeiter brauchen einen starken Leader. Wenn Ihnen ein tolles power briefing gelingt, wächst Ihre Akzeptanz und der Respekt der Mitarbeiter.

Wir haben aber auch schon erlebt, dass der beste oder älteste Auszubildende die Briefings leitet. Der Auszubildende ist gefordert und noch nicht »müde«. Denn derjenige, der die Briefings leitet, lernt am meisten! Allerdings ist es ein wichtiges Signal vom Leader/Chef, dass er dabei ist und am Briefing teilnimmt, die Mitarbeiter begrüßt, Verkaufsziele vorgibt, mit kleinen Wettbewerben den Verkauf ansport und eine gute Stimmung vorlebt. Nur in einem positiven Klima kann hervorragende Leistung gebracht werden.

Energy stärken

Wir hören oft die Frage: »Woran erkennt man, ob ein Betrieb erfolgreich ist oder nicht?« Die Antwort lautet: Man kann den Erfolg eines Unternehmens an der Energie der Mitarbeiter ablesen. Man spürt sofort, ob ein Betrieb lebt oder nicht. Dabei spielen die Stimmung der Mitarbeiter und der praktizierte Service eine entscheidende Rolle.

Solche Aussagen zeigen, dass ein Betrieb »gesund« ist:
- ▶ »Hier ist es super zu arbeiten!«
- ▶ »Es läuft einfach!«
- ▶ »Heute knacken wir den Umsatzrekord!«
- ▶ »Super, was heute wieder los ist!«

Ein power briefing beim
Robinson Club auf der
Insel Kos

Gemeinsames Lernen

In einem Briefing in einer kleinen italienischen Bar erzählte ein Mitarbeiter, dass er bei der Bestellungsaufnahme der Speisen immer sage: »Möchten Sie zum Essen den Weißwein aus meinem Heimatdorf oder einen aus
dem Veneto?« Das ist ein wunderbarer und erfolgsorientierter Einstieg,
um Wein anzubieten. Durch das power briefing erfährt man jede Menge
über die verschiedensten Verhaltensweisen und Kommunikationstaktiken
der Kollegen. Man lernt voneinander, der gegenseitige Respekt wächst.
Das fördert ungemein und erhöht den Kommunikationspool.

»Weisheit« stärken

Am besten lassen Sie die Rollenspiele (Gast – Service) im »Ich-sage-du-sagst-Muster« von Ihren Mitarbeitern spielen. Geben Sie dabei unbedingt klare Anweisungen.

Zu Mitarbeiter 1: »Du bist der Gast.«

Zu Mitarbeiter 2: »Und du bist der Rezeptionist. Es ist 22 Uhr abends und du (zu Mitarbeiter 1) willst ein Einzelzimmer. Los geht's.«

Wichtig! Unterbrechen Sie das Rollenspiel nicht. Kommentieren Sie erst im Anschluss die Durchführung. Der Briefing-Coach gibt als Letzter seinen Kommentar ab. Fragen Sie als Erstes denjenigen, der den Gast spielte. Wichtig: Fragen Sie ihn mit den folgenden Worten: »Was hat der Rezeptionist alles positiv gemacht?« Es sollte wenn möglich nichts Negatives erwähnt werden. Dann fragen Sie die Zuschauer, was ihnen positiv aufgefallen ist. Als Letztes geben Sie Ihren positiven Kommentar ab. Sie sprechen ein Fazit aus: »Du hattest eine tolle Ausstrahlung, Augenkontakt...« So haben alle eine Vorstellung, was für Sie, den Chef, die Chefin, guter Service bedeutet.

Warum sollte man nicht kritisieren? Am meisten profitieren von dem Rollenspiel die Zuschauer. Ihnen fällt sofort auf, was positiv oder negativ war. Man lernt voneinander. Da alle mit der Zeit in die Gast- oder Servicerolle schlüpfen, wird jeder dazulernen und souveräner werden. Stärken Sie die positiven Seiten; das macht dann auch Lust auf weitere Rollenspiele.

Wenn Sie auf etwas aufmerksam machen wollen, dann fragen Sie den Service-Spieler zuerst: »Hast du alles erfüllt oder hast du etwas vergessen?« Aber auf diese Weise sollten nur grobe Systemabweichungen besprochen werden.

Wandel

In den ersten Wochen nach Einführung des power briefings entsteht Spannung und Energie. Alte Verkrustungen werden aufgebrochen. Das Betriebsklima wird angenehmer, die Arbeit macht plötzlich viel mehr Spaß. Wie wellenförmige Schwingungen, die sich von innen und nach außen ausbreiten, wird dies von allen wahrgenommen. Sie werden es selbst spüren. Das Team nimmt von Briefing zu Briefing Ihre Frequenz auf. Das Resultat: Sie erhalten die Mitarbeiter, die Sie sich immer gewünscht haben.

Das Gleiche passiert übrigens auch bei einem Wandel zum Negativen: Manchmal scheint es unerklärlich, warum Betriebe sich einfach nicht aus

dem Schatten lösen können – sie wirken immer von gestern, es fehlt Power und Energie. Mit dem power briefing können Sie solche Abwärts-Spiralen stoppen.

Es gibt Betriebe, in denen negative Aussagen als Witze oder Späße kultiviert werden. Lassen Sie so etwas nicht zu, es verändert auf die Dauer das Klima. Schnell ist das Glas dann jeden Tag halb leer und nicht halb voll.

Briefings sind Austauschbörsen

Nur zwei Prozent aller Beschäftigten nehmen an Weiterbildungsmaßnahmen teil. Unzählige Motivationsseminare sind schon gescheitert, weil sie vom Ansatz her falsch waren.

Wir sind geprägt von Sätzen wie: »Nobody is perfect« und benutzen diese bei Bedarf als Ausrede. Aber der Spruch steht auch für: »Du kannst das nicht, du bist zu dumm, aus dir wird eh nichts …« Wir haben oft erlebt, dass Mitarbeiter eher unterschätzt und unterfordert werden. Mit dieser mentalen Stimmung werden viele Coachings und Lernprozesse geleitet und durchgeführt. Das führt dann dazu, dass sich ein bis zwei starke Personen unentbehrlich machen und den Rest für dumm erklären. Aussagen wie: »Wenn ich nicht da bin, läuft hier gar nichts!« brennen sich ein und werden dann auch gelebt.

Ein zeitgemäßes Coaching ist ein Coaching mit dem Gedanken »Everybody is perfect«. Die neuen Coachings sind Austauschbörsen für geistiges Know-How. Kommunikation, Lust, Spaß, Intelligenz, Entfaltung, der Blick nach vorn – das alles steht im Vordergrund.

Betrachten Sie die Mitarbeiter als mündige, intelligente Personen und versuchen Sie, Ihre power briefings als Austauschbörse zu sehen.

Erfinde dich neu

Das Lernmodell »Lernen durch Wiederholung« ist die gebräuchliche Methode der Vergangenheit, der Schulen, der Werbung. Aber was passiert da wirklich?

Ich stehe jeden Morgen an der Bushaltestelle, und es steigt immer die gleiche Frau mit dem Regenschirm ein. Irgendwann habe ich durch Wiederholung diese Person »kennengelernt«. Allerdings interessiert sie mich nicht besonders. So funktioniert Lernen durch Wiederholung.

Eines Tages jedoch steht meine Traumfrau an der Haltestelle. Es dauert genau eine Hundertstelsekunde, bis ich mir ihre Figur, ihr Outfit, ihre Ausstrahlung eingeprägt habe. Die möchte ich kennenlernen! So sieht das Lernen am Erfolg aus, den der Angesprochene für sich selbst spürt. Kluge Marketingstrategen haben das längst begriffen – sobald ich ein iPhone sehe, vermittelt das Gerät: Fass mich an, nimm mich mit, es wird ganz toll mit uns beiden.

POWER BRIEFING – BENEFIT FÜR ALLE

Mit Ihrem power briefing ist es nicht anders: Die Mitarbeiter erwarten von Ihrem Briefing, dass es Ihnen einen wirklichen Nutzen bietet, Erfolg verspricht und Spaß macht.

Aber wie geht das? Dazu einige Tipps aus der Praxis:

▶ Je anschaulicher und unterhaltsamer Sie das Briefing gestalten, desto besser!

▶ Bringen Sie Beispiele! Erzählen Sie eine Geschichte! Lesen Sie aus einem Zeitungsartikel vor!

▶ Wenn Sie wissen, dass einer Ihrer Mitarbeiter im Job etwas Besonderes erlebt hat: Lassen Sie ihn **kurz** erzählen.

▶ Zeigen Sie Dinge, lassen Sie die Mitarbeiter riechen, fühlen, schmecken, vergleichen!

▶ Aus Erfahrung können wir sagen: Es müssen nicht alle Geschichten wahr sein – Hauptsache, sie unterhalten.

▶ Bringen Sie Ihre Leute zum Lachen!

▶ Kurz, machen Sie alles, um den Austausch zu einem Erlebnis werden zu lassen!

POWER BRIEFING –
SO GEHT´S

POWER BRIEFING – SO GEHT'S

Sie sind überzeugt? Inspiriert? Im wahrsten Sinne des Wortes »begeistert«? Sie würden am liebsten sofort loslegen? In diesem Kapitel erfahren Sie alles, was Sie brauchen, um das power briefing in Ihrem Betrieb erfolgreich einzuführen.

DIE TOOLS

Um ein erfolgreiches power briefing durchzuführen, brauchen Sie folgende Rahmenbedingungen und Tools.

DIE SPIELREGELN

In jedem Cockpit eines Flugzeugs werden bestimmte Regeln der Kommunikation eingehalten – nur so ist die Sicherheit der Navigation zu jedem Zeitpunkt gewährleistet.

Diese sogenannten »cockpit rules« lauten:

▶ Nur einer spricht!
▶ Alle anderen hören zu!
▶ Keiner greift dem anderen ins Steuer!

Diese Regeln sind großartig und für jede Lebenslage nützlich. Deshalb haben wir sie übernommen und unseren Bedürfnissen angepasst.

Stelle nur Fragen im Briefing – rede nicht zu viel

Informieren Sie das Team kurz über das anstehende Thema. Wenn die Fragen noch niemand beantworten kann, erläutern Sie kurz, um was es geht. Anschließend fragen Sie die Teilnehmer ab. Als Faustregel kann gelten: 80 Prozent der Zeit reden die Teilnehmer, 20 Prozent der Briefing-Coach.

Alle hören zu

Wenn der erste Mitarbeiter die Frage nicht beantworten kann, leiten Sie die Frage so lange an einen anderen Mitarbeiter weiter, bis die richtige Antwort kommt. Am Ende des Briefings stellen Sie dem ersten Mitarbeiter dieselbe Frage noch einmal. So fördern Sie spielerisch die Aufmerksamkeit, ohne »oberlehrerhaft« zu sein. Sie signalisieren klar: Nichts zu wissen oder nicht aufzupassen wird nicht toleriert und auch nicht übersehen. Da sich die Mitarbeiter nicht vor dem Team blamieren möchten, steigt die Aufmerksamkeit automatisch und das Gesagte bleibt nachhaltig in den Köpfen.

Nur einer spricht

Gerne werden Themen von mehreren Personen gleichzeitig diskutiert. Unterbinden Sie das sofort: Nur einer spricht!

Keiner greift dem anderen ins Steuer

Wenn ein Mitarbeiter eine Frage nicht beantworten kann, kommt es gern zu vorschnellen Berichtigungen und zu »Vorsagen« durch andere Teilnehmer. Das hilft dem Gefragten nicht weiter. Keiner darf unaufgefordert vorsagen.

Bleiben Sie beim Thema

Wenn Ihre Teilnehmer vom Thema abweichen, dann unterbrechen Sie die Diskussion und sprechen erneut das fokussierte Thema an. Sollte der Einwand wichtig sein, erklären Sie, dass dieses Thema am Schluss, bei einem der nächsten Briefings oder unter vier Augen besprochen wird.

DER KREIS

Beim power briefing stehen alle Teilnehmer in einem Kreis. Achten Sie darauf, dass der Kreis rund und geschlossen ist, das ist wichtig für den Energiefluss. Und achten Sie darauf, dass alle Teilnehmer stehen – Briefings sollten in keinem Fall im Sitzen stattfinden. Während des power briefings findet nichts anderes statt, das heißt auch, es wird nicht gegessen oder getrunken und auch nicht geraucht. Der Start des power briefings bedeutet: »Vorhang auf, das Business beginnt.« Damit schafft man eine klare Trennung zwischen Privatem und Beruflichem; sonst ziehen Mitarbeiter eventuelle private Sorgen in den Geschäftsalltag mit hinein. Das Briefing ist sozusagen der Kickoff; vom Beginn des Briefings an lenken Sie die Konzentration auf den Service.

Mit dem Kreis signalisieren Sie außerdem Zusammengehörigkeit und Teamgeist. Dieses tägliche Zusammentreffen ist genauso wichtig wie die Rituale, die Sie in Ihrer Familie haben, zum Beispiel das gemeinsame Abendessen, das den Zusammenhalt fördert. Der Kreis schweißt Einzelkämpfer zu einem Team zusammen.

Denken Sie daran: Im Mittelpunkt jedes Kreises sitzt die Kraft, die ihn gestaltet.

DER BALL

Wie der Kreis, so hat auch der Ball verschiedene Funktionen. Zum einen bringt er Spaß in das Briefing. So bemerkt man nicht einmal richtig, dass gerade trainiert wird. Lernen und Ausbildung entwickelt sich zum Entertainment und fällt dadurch leicht. Aus Erfahrung wissen wir: Sobald die Mitarbeiter verstanden haben, dass das Lernen in der Gruppe Vergnügen macht, beginnen sie die power briefings sogar einzufordern, und das Team entwickelt sich rasant weiter.

Nach der Einführung der power briefings bei **Lufthansa Lounges** begann eine Führungsperson die Briefings mit der Frage: »Was wollt ihr heute spielen? Handball, Basketball, Fußball?« Je nach Entscheidung des Teams wurde der Ball mit der jeweiligen Wurftechnik weitergegeben. Sie können sich vorstellen, das gab jede Menge Spaß bei der Durchführung. Das Hantieren mit dem Ball ist ein sehr gutes Instrument zur Steuerung des Briefings, und es trägt eine gewisse Leichtigkeit hinein.

Falls Sie nicht mit einem Ball arbeiten können, da gerade keiner vorhanden ist, verwenden Sie etwas anderes. Wir haben schon Briefings mit Zitronen, Orangen, Eiern, zusammengerollten Socken und kleinen Stofftieren gesehen. Man kann alles verwenden, was sich gut werfen lässt, selbst Schokoriegel. Aber die kommen vielleicht nicht zurück…

Der Briefing-Coach hat also immer einen Ball oder etwas Ähnliches in der Hand. Mit diesem Ball steuert er das ganze Briefing. Er wirft den Ball der Person zu, der er eine Frage stellt. Das fördert die Aufmerksamkeit und das Reaktionsvermögen. Der Fragende signalisiert mit dem Ball die Botschaft: Ich gebe klare Anweisungen. Außerdem kann sich die Person, die den Ball fangen soll, nicht vor der Frage verstecken.

Briefings, die ohne Ball durchgeführt werden, sind nicht ansatzweise so effektiv wie die mit Ball. Sie haben weniger Spannung, die Aufmerksamkeit lässt schneller nach – und sie wirken »normal«. Ist wirklich einmal kein Ball und auch sonst nichts Geeignetes greifbar, dann sprechen Sie die gefragte Person direkt mit dem Namen an.

BEGINNEN SIE IMMER MIT EINER BEGRÜSSUNG

Egal wie gestresst oder routiniert der Briefing-Coach ist: Am Anfang des Briefings steht immer die Begrüßung der Mitarbeiter. Das ist der Startschuss, jedes Mal, bei jedem power briefing, jeden Tag. Eine ausdrückliche Begrüßung steht für einen kultivierten Umgang miteinander, sie gibt den Mitarbeitern die ihnen zustehende Bedeutung. Mitarbeiter wollen gesehen, wahrgenommen, wertgeschätzt werden! Mit einer einfachen, freundlichen Begrüßung erreichen Sie genau das. Das ist wie im Privatleben: Auch wenn ich dreißig Jahre verheiratet bin, möchte ich von meinem Partner jeden Tag begrüßt werden und ein Zeichen bekommen, dass ich herzlich willkommen bin. Bei Mitarbeitern ist das nicht anders, wir neigen nur oft dazu, im Alltag alles für selbstverständlich zu halten. Jeden Morgen im power briefing ein: »Schön, dass ihr alle da seid!« oder ein »Hallo zusammen – seid ihr alle fit?« Das ist der erste Schritt zu einem guten Betriebsklima.

AUF DEN START KOMMT ES AN

Beginnen Sie ein power briefing immer so, dass Sie von Anfang an Interesse und Aufmerksamkeit wecken. Am besten, indem Sie die anderen überraschen: Kompliment an die Mitarbeiter – aktuelles Ereignis – persönlich Erlebtes – kleine Geschichte – etwas zeigen, demonstrieren, vormachen.

So könnten Sie z. B. Ihr power briefing beginnen:
»Erratet das Getränk: Es ist orange, hip, spritzig …«
»Spritz Aperol!«
»Klasse! Hallo alle zusammen, wie ihr schon bemerkt habt, geht es heute um das Thema Aperitif.«

Oder so:
»Gestern war ich auf der Messe in Berlin. Ich habe so unglaublich tolle Dinge gesehen, das muss ich euch erzählen.«

HALTEN SIE DIE ZEIT EIN

Achten Sie immer darauf, dass die power briefings fix gehen und nicht in einer Diskussion enden. Circa drei Minuten sind perfekt. Das klingt nach wenig, aber drei Minuten können sehr intensiv sein, wenn sie richtig genutzt werden. Sollten plötzlich spezielle Fragen kommen, die nicht die ganze Gruppe betreffen, z. B. Urlaub, Persönliches usw., bitte darauf hinweisen, dass dieses Thema gerne **nach** dem Briefing geklärt werden kann.

LACHEN IST GESUND – AUCH FÜRS BRIEFING

Das Lachen ist in einem power briefing viel wichtiger, als man denkt. Wenn man jeden Tag zusammen mit einer guten Stimmung beginnt, ist das die Basis für ein angenehmes Betriebsklima. Als Führungskraft müssen Sie noch viele Male am Tag ernst und streng sein, doch der Start sollte immer für alle positiv sein. So haben Sie als Führungskraft auch die Chance, einmal eine andere Seite von sich zu zeigen, die trotzdem in einem professionellen Klima bleibt. Salopp gesagt: Der Chef ist nicht nur privat lustig und im Job nur ernst.

Diese professionelle Leichtigkeit müssen manche erst einmal lernen. Wir kommen aus einem Klima, das sagt: Arbeite hart. Doch heute arbeitet man smart! Andauernde Ernsthaftigkeit, Druck und ununterbrochene Forderungen versauern das Klima. Humor, Leichtigkeit und Spaß braucht aber einen professionellen Rahmen, damit es nicht zu peinlichen Schenkelklopfern kommt und die Leichtigkeit nicht ausgenutzt wird.

VERGESSEN SIE DIE DREI LEVEL NICHT

In jedem power briefing müssen alle drei Level vorkommen: Information, Wissen abfragen, Weisheit checken. Sorgen Sie dafür, dass Sie in den drei Minuten alle drei Level unterbringen. So erreichen Sie nicht nur den maximalen Effekt, Sie gewöhnen Ihre Mitarbeiter auch an die Struktur des power briefings.

DENKEN SIE ANS FINALE

Neunzig Prozent aller Redner hören so auf: Sie klappen ihr Manuskript zusammen und sagen: »Das war's, danke fürs Zuhören.« Ein Grundsatz erfahrener Schauspieler lautet jedoch: »Reiß die Zuschauer noch einmal von den Stühlen, bevor der Vorhang fällt!«

Für Ihren »Auftritt« beim power briefing gilt das Gleiche: Der Schluss muss noch einmal ein strategischer Höhepunkt sein. Für ein gelungenes power briefing gilt im Prinzip das Gleiche wie für das Feiern von Festen: Man sollte aufhören, wenn es am schönsten ist. Wenn das Team lacht, hören Sie mit dem Briefing auf. Dann geht Ihr Team mit Leichtigkeit und guter Laune an den Job.

Bereiten Sie für alle Fälle einen zündenden Schlusssatz vor. Und bereiten Sie ihn besonders gut vor. Denn mit ihm hinterlassen Sie den letzten, den bleibenden Eindruck. 80 Prozent des Beifalls gelten dem letzten Satz!

Einige Vorschläge, damit es ein bombiger Schluss wird:

- ▶ Blick in die Zukunft
- ▶ Bogen zum Anfang
- ▶ Ein Appell
- ▶ Humorvolle Geschichte
- ▶ Gemeinsame Interessen betonen
- ▶ Notfalls geht auch ein Witz
- ▶ Gemeinsamer »Schlachtruf«

Ich habe schon power briefings erlebt, bei denen sich die Teams zum Schluss wie eine Fußballmannschaft umarmten und einer aus dem Team freiwillig einen Schlachtruf rief. Manche verabschieden sich mit einer La-Ola-Welle, manche klatschen sich ab. Ein Teamleiter hatte einen besonderen Einfall: Er brauchte noch einen Freiwilligen, also ließ er alle die rechte Hand heben und den Zeigefinger ausstrecken. Erst dann rief er: »Ich brauche einen Freiwilligen.« Die Lacher hatte er auf seiner Seite. Briefing-Coaches, die auch in Sportvereinen tätig sind, haben oft besonders kreative Ideen und sehen das power briefing als Teamritual.

EIN BEISPIEL: SALES-TECHNIK MIT POWER BRIEFING TRAINIEREN

Im power briefing geht es nicht nur um Informationsaustausch, es geht auch darum, das Verkaufstalent der Mitarbeiter zu fördern. Verkaufen ist kein Zufall, sondern kann mit den richtigen Techniken fokussiert und gesteigert werden. Allerdings verkaufen viele Mitarbeiter eher instinktiv, ohne genau zu wissen, wie es geht. Das kann gut gelingen und erfolgreich sein, denn es gibt nun einmal Naturtalente. Doch nur aus dem Bauch heraus wird den meisten nicht der maximale Erfolg gelingen. Allerdings geht es Ihnen genau darum: um den maximalen Erfolg. Egal in welcher Branche – mit den richtigen Verkaufstechniken steigt der Umsatz.

Diese Techniken dürfen nicht nur mitgeteilt werden, sondern müssen immer wieder trainiert werden. So wie Sportler Spielzüge oder ihre Technik trainieren, gehört das ständige Einüben zu den Grundlagen des Service.

Richtig fragen

Die meisten Verkaufsgespräche scheitern an der falschen Fragetechnik oder generell an »nicht gestellten« Fragen. Die sofortige Erfüllung des Kundenwunsches ist nämlich nicht immer, sogar in den seltensten Fällen, die beste Entscheidung. So entgeht den Mitarbeitern oft das »richtige« Geschäft. Egal ob Einzelhandel, Gastronomie oder in anderen Branchen – die falschen Fragen sorgen sofort für ein »Nein, danke«. Jeder von uns kennt das Unbehagen, wenn sich ein Verkäufer anschleicht und das übliche »Kann ich Ihnen helfen« anbringt. Selbst wenn man wirklich etwas sucht, entgegnet man doch meistens: »Ich sehe mich erst einmal um…« und verlässt anschließend den Laden. Deshalb ist es umso wichtiger, dass die Mitarbeiter die Verkaufstechniken beherrschen. Denn nur diese Techniken sorgen für Erfolg und einen starken Umsatz. Und hier sind power briefings ein unschlagbares Trainingsmittel.

Verkaufstechniken können im power briefing so lange trainiert werden, bis sie jeder Mitarbeiter im Schlaf beherrscht. Erfahrene Verkäufer argumentieren gerne mit: »Aber das machen wir doch schon.« Mag sein, muss die Antwort darauf lauten, aber nicht immer absolut selbstverständlich und ohne Druck auf den Kunden. Und diese Selbstverständlichkeit und Leichtigkeit muss trainiert werden, bis man es einfach perfekt macht, ohne darüber nachzudenken. Nur das schöpft den maximalen Verkaufserfolg aus.

Die Auswahl-Technik
Die folgende Art von Beratung nennen wir No-Service – so sollten
Sie es nicht machen!

Service: »Möchten Sie noch einen Cappuccino?« **Gast:** »Nein.«

Service: »Möchten Sie noch einen Digestif?« **Gast:** »Nein.«

Service: »Möchten Sie noch etwas?« **Gast:** »Nein.«

Menschen gehen immer zuerst auf Nummer Sicher, und das bedeutet, »nein« zu sagen. Deshalb muss der Service immer eine Auswahl von mindestens zwei, höchstens drei Produkten anbieten. So überlegt der Gast und wägt ab, ob er lieber das eine oder das andere möchte – und nicht, ob er überhaupt etwas möchte. Der eine oder andere Gast wird dennoch ablehnen, aber wir haben alles versucht – mit der richtigen Technik und ohne Druck. Es ist verblüffend, wie erfolgreich diese Technik ist. Probieren Sie es aus, nichts lässt die Kasse schneller klingeln. Und trainieren Sie es im power briefing immer wieder mit Ihren Mitarbeitern. Zum Beispiel so:

Briefing-Coach: »Ich möchte einen Digestif.«

Mitarbeiter: »Einen Averna.«

Briefing-Coach: »Nein, nenn mir immer zwei Digestifs, noch mal bitte. Ich möchte einen Digestif.«

Mitarbeiter: »Einen Averna oder einen Ramazotti?«

Briefing-Coach: »Danke – genau so. Noch mal – jetzt ein anderer Mitarbeiter.«

Briefing-Coach: »Ich hätte gerne ein Einzelzimmer für heute Nacht.«

Mitarbeiter: »Wir hätten für Sie ein Einzelzimmer De luxe oder ein Einzelzimmer Standard.«

Briefing-Coach: »Wunderbar, genau so.«

Briefing-Coach: »Ich hätte gerne einen Whisky.«

Mitarbeiter: »Einen Scotch, Bourbon oder Irischen Whisky?«

Und so sieht dann der Yes-Service aus:

Service: »Zum Abschluss noch einen Espresso oder Capuccino.«

Service: »Zu diesem Essen empfehle ich Ihnen einen kräftigen Weißwein oder einen leichten Rotwein.«

Service: »Wir haben heute einen fantastischen Schokoladenkuchen und hausgemachte Panna cotta. Oder haben Sie Lust auf eine Crème brulée?«

Schnellerer Service mit der Auswahltechnik
Auch um schnelle Serviceabläufe zu garantieren, ist die Auswahltechnik perfekt. Für Fastfood-Mitarbeiter oder in Coffeeshops ist Zeit oft entscheidend. Auch während der Rushhour muss man perfekten Service garantieren und darf dabei den Umsatz nicht aus den Augen verlieren. Reines Abarbeiten ist meist kontraproduktiv. Deshalb sollten Sie diese Techniken im power briefing trainieren.

Hier kommt es darauf an, immer eine Auswahl anzubieten, wenn ein Kunde oder Gast mit einer Frage kommt – also **nie** eine Gegenfrage zu stellen.

Der leider immer noch sehr übliche No-Service sieht nämlich so aus:

Service: »Was möchten Sie trinken?«

Gast: Überlegt – was will ich denn?

Oder:
Service: »Welches Zimmer darf es denn sein?«

Gast: »Welche haben Sie denn?«

Oder:
Service: »Welchen Tee möchten Sie?«

Gast: »Welche Sorten haben Sie denn da?«

Oder:

Service: »Welches Dressing möchten Sie zum Salat?«

Gast: Überlegt, welche gibt es denn? Und dann haben die immer so komische Namen …

Sie merken schon, das kostet Zeit und ist für beide Seiten anstrengend.

Im power briefing können Sie jedoch trainieren, dass Ihre Servicekräfte immer mindestens zwei, höchstens drei Produkte zur Auswahl anbieten. Da funktioniert, egal, ob es um kalte Getränke, Gebäck oder eine Massage geht.

Der Yes-Service sieht dann so aus:

Service: »Darf es Cola, Wasser oder Apfelschorle sein?«

Gast: »Eine Apfelschorle bitte.«

Service: »Ein Einzel- oder Doppelzimmer?«

Gast: »Ein Doppelzimmer bitte.«

Service: »Einen schwarzen Tee, Früchte- oder Kräutertee?«

Gast: »Einen schwarzen Tee bitte.«

Service: »Zum Salat das Balsamico- oder Sauerrahmdressing?«

Gast: »Das Balsamicodressing.«

So hat der Gast / Kunde eine Vorgabe aus dem Angebot und kann sich schneller entscheiden. Das nützt der Zufriedenheit des Kunden und dem Tempo des Service.

Die Umsetzung der Fragetechnik

Es gibt zwei verschiedene Situationen im Gespräch mit dem Gast/Kunden:

Erstens: Der Mitarbeiter muss aktiv werden, der Service ergreift die Initiative. Ein Beispiel dafür ist die Begrüßung der Gäste in einem Restaurant: »Schönen guten Abend, haben Sie Lust, beim Lesen der Speisekarte ein Glas Champagner oder einen Hugo zu trinken?«

Zweitens: Der Mitarbeiter muss auf eine Bestellung/einen Kundenwunsch reagieren. Gast: »Ich hätte gerne einen Muffin.« Service: »Gerne – einen Espresso oder Cappucino dazu?«

Das sind die Fragen, die Ihre Mitarbeiter zu Verkaufsassen werden lassen. Der Umsatz wird sich um Einiges erhöhen. Außerdem sehen Sie schon während des power briefings, wie die einzelnen Mitarbeiter vorgehen. Besonders die Erfahrenen können hier ihre Tricks offenbaren. Das stärkt ihren Stolz, und die weniger Erfahrenen profitieren davon.

Bei der Einführung der power briefings in einer Restaurantkette war eines der ersten Feedbacks, dass die Führungskräfte absolut verblüfft über den Wissensstand der Mitarbeiter waren. Zum ersten Mal konnten sie genau feststellen, welche Mitarbeiter wie viel wussten. Dabei ergaben sich positive und negative Überraschungen: Es gab neue Mitarbeiter, die erstaunlich gut informiert waren, und langjährige Mitarbeiter, die zum Teil über zwanzig Jahre dabei waren und erschreckende Wissenslücken zeigten. Was für Gründe auch immer das haben mochte: Das Ergebnis hat allen die Augen geöffnet, und nach kurzer Zeit waren alle Mitarbeiter auf demselben Wissensstand.

Stellen Sie Ihre individuelle Liste der Produkte auf, die Ihre Gäste / Kunden gerne bestellen:
• Pizza Vitello tonnato
• Latte macchiato
• Matjesbrötchen
• Wrap Tandoori
• Entrecôte
• Wiener Schnitzel
• Spaghetti pomodoro
• Linguine mit Scampi und Artischocken
• Mango-Basil Gimlet
• High End Burger
• Glas Bianco di custoza
• Hugo
• Croissant
• Vitalbrot

Stellen Sie jetzt eine »Reagieren-Liste« auf. Sie enthält Produkte, die Sie dem Gast in einem Auswahlverfahren anbieten möchten:
• Pizza Vitello tonnato: Vorweg einen kleinen Salat oder eine Bruschetta?
• Latte macchiato: Ein hausgemachtes Tiramisu oder ein Profiterol dazu?
• Matjesbrötchen: Eine Cola, ein Wasser oder kleines Bier dazu?
• Wrap Tandoori: Mango lassi oder ein Lemonaid dazu?
• Entrecôte: Mit Rosmarinkartoffeln oder Gemüse?

Jede Firma oder Abteilung hat individuelle Möglichkeiten, wie sie reagieren möchte. In einer Wellnessabteilung im Hotel kann es um eine Terminvereinbarung gehen, in der Verwaltung um eine Anfrage am Telefon. Überlassen Sie nichts dem Zufall, sondern trainieren Sie im power briefing gezielt diese Dialoge. Und vor allem: Verbannen Sie die Fragen: »Noch etwas dazu?« und »Ist das alles?«

Das Rollenspiel »Ich sage – du sagst«
»Ich sage – du sagst« ist eine großartige Übung, um Ihre Mitarbeiter zu serviceorientierten Verkäufern zu machen. Dieses Rollenspiel stellt eine grundlegende Fragetechnik beim power briefing dar.

Sie fragen immer in einem »Ich sage – du sagst«-Muster. Einige Beispiele:

Coach: «Ich bin Gast und sage: Ich möchte einen Kaffee. Was sagst du?«
Mitarbeiter: »Möchten Sie einen Espresso, Cappucino oder Filterkaffee?«
Coach: »Super!

Achten Sie darauf, dass immer eine Auswahl genannt wird.

Coach: »Ich bin Gast und sage: Ich möchte einen Matjes. Was sagst du?«
Verkäuferin: »Möchten Sie den Matjes mit Bärlauch oder Dill ...«

Coach: »Ich bin Gast und sage: Ein Bier bitte. Was sagst du?«
Coach: »Ich bin Gast und sage: Ich möchte eine Veranstaltung buchen. Was sagst du?«
Coach: »Ich bin Gast und sage: Ich weiß nicht, was ich essen soll.«

WAS STECKT IN EINEM POWER BRIEFING?

→ DIE BEGRÜSSUNG: Sagen Sie immer allen, wie toll es ist, dass sie da sind.

→ DER KREIS: So formen Sie die Mitarbeiter zu einem Team.

→ DAS LACHEN: Zeigen Sie, dass hier das Arbeiten Spaß macht.

→ DER BALL: Verschaffen Sie sich ungeteilte Aufmerksamkeit und zeigen Sie klar, wer das Kommando hat.

→ INFORMATIONEN: Sorgen Sie dafür, dass alle immer alles wissen und täglich mit- und voneinander lernen.

→ WISSEN ABFRAGEN: Üben Sie Kontrolle aus und signalisieren Sie, dass hier Wissen wichtig ist und angewendet wird.

→ DIE UMSETZUNG CHECKEN: Stellen Sie sicher, dass Gespräche so ablaufen, wie Sie es wollen.

→ DAS TRAINING: Steigern Sie täglich Informationen, Techniken und Wissen.

→ DIE ZUSAMMENFASSUNG: Geben Sie dem Thema die Bedeutung, die ihm zusteht, und signalisieren Sie: So will ich es.

→ DAS ENDE: Sorgen Sie für einen positiven Schluss, damit alle mit Elan und Begeisterung Leistung bringen können.

POWER-BRIEFING IMPLEMENTIEREN –
EINE SCHNELLE ANLEITUNG

Wenn Sie mit dem power briefing starten, sollten Sie sich darüber im Klaren sein, dass Sie etwas vollkommen Neues in Gang setzen und dass Ihre Mitarbeiter darauf reagieren werden. Das gilt im Übrigen auch, wenn Sie wieder damit aufhören sollten (was wir natürlich nicht hoffen). Eins muss Ihnen klar sein: Viele Menschen begrüßen alles Neue, wünschen sich aber gleichzeitig, dass alles beim Alten bleibt. Veränderungen lösen anfangs schnell Verunsicherung aus. Niemand will sich in einer Gruppe blamieren, wenn er sich nicht sicher fühlt, und schnell hört man: »Früher war es doch auch gut, oder?« oder: »Was, schon wieder ein Briefing?« oder: »Kinderkram!« Lassen Sie sich nicht entmutigen. Egal was sie machen – machen Sie es, und machen Sie es mit ganzem Herzen, sonst geht viel Disziplin und Respekt verloren.

Erfahrungsgemäß dauert es nur kurze Zeit, bis sich das Team an das tägliche power briefing gewöhnt hat. Die Fragen und Antworten kommen dann immer schneller, die Motivation steigt, Spirit entsteht.

Bevor sie mit dem power briefing starten, sollten Sie ein System für sich formulieren, um selbst Klarheit zu bekommen. Klären Sie noch einmal folgende Fragen:

Wer führt das power briefing durch?
Wann wird es durchgeführt?
Wo wird es durchgeführt?
Wie wird es durchgeführt?

Wer führt das power briefing durch?

Geben Sie jemandem die Verantwortung für das Briefing! Das kann zur jeweiligen Schicht der jeweilige Leader sein. Er oder sie ist dann jeden Tag zu jeder Schicht dafür verantwortlich, das Briefing durchzuführen. Vermerken Sie dies im Dienstplan.

Wann wird es durchgeführt?

Im Restaurant Brenner (München) wird es täglich um 11:30 Uhr (kurz vor dem Mittagsgeschäft) und am Abend um 18:30 Uhr (kurz vor dem Abendgeschäft) durchgeführt. Am Anfang mussten wir die Mitarbeiter zusammentrommeln. Jetzt bilden die Mitarbeiter zur vorgegebenen Zeit bereits einen Kreis, bevor der Briefing-Coach dazukommt. So soll es sein – die Mitarbeiter empfinden das Briefing als normalen Baustein des Servicealltags und warten bereits darauf. Power briefings sind Rituale. Bei den Lufthansa Lounges wird das erste power briefing schon morgens um 4:05 Uhr durchgeführt.

Das Briefing sollte am besten kurz vor dem Hauptgeschäft stattfinden. Normalerweise sind zu diesem Zeitpunkt alle Mitarbeiter anwesend. Sie brauchen einen klaren Zeitpunkt, zum Beispiel bei Arbeitsbeginn oder Schichtwechsel.

In anderen Abteilungen hat sich die Zeit kurz vor Arbeitsbeginn bewährt.

In manchen Betrieben, wie z. B. bei den Fastfoodketten, gibt es kaum eine Gelegenheit, die Mitarbeiter zu einem bestimmten Zeitpunkt in einem Kreis zusammenzurufen. Ein Bereichsleiter am Flughafen Frankfurt fand für dieses Problem eine Lösung, denn es war ihm wichtig, dass jeder seiner Mitarbeiter einmal am Tag informiert, trainiert und motiviert wurde. Er überlegte, wann die beste Gelegenheit war, um kurz mit seinen Leuten zu sprechen, ohne sie aus konzentrierten Abläufen zu reißen oder zu stören. Die Lösung war, dass jeder, der für den Service an mobilen Wagen eingeteilt war, ein »One on one«-Briefing vom Bereichsleiter bekam, wenn er das Wechselgeld entgegennahm. Dieser Zeitpunkt diente auch zur Erinnerung: Geldübergabe ist Briefing-Zeit.

Suchen Sie sich Ihren geeigneten Zeitpunkt für das power briefing aus. Wichtig ist, dass die Briefings täglich zu einer bestimmten, klar definierten Zeit durchgeführt werden. Sonst wird aus dem Briefing kein Ritual und es ist gefährdet, wieder zu verschwinden. Die Aussage: »Wir haben keine Zeit dafür« zählt nicht. Die Zeit ist immer da, wo die Liebe ist. Lieben Sie das power briefing, dann finden Sie die Zeit dafür.

Wo wird es durchgeführt?

Der Ort für das power briefing kann ruhig im Gast / Kundenraum sein. Sorgen Sie dafür, dass Platz für einen Kreis da ist. Wenn ein Briefing im laufenden Betrieb durchgeführt wird, hat natürlich der Gast / Kunde Vorrang. Benennen Sie ein oder zwei Personen aus Ihrem Team, die Wache halten. Sollte ein Gast kommen, verlassen diese den Kreis und kümmern sich um den Gast. Diese »Springer« werden dann später in einem »One on one«-Briefing nachgebrieft.

Wie wird es durchgeführt?

Legen Sie Ihre ganze Kraft und Ihr Know-How in das Briefing. Es gibt ein altes Sprichwort: »Du kannst nur das entfachen, was in dir selbst brennt.«

Am Anfang sollten Sie mit den Bausteinen »Information« und »Abfragen« beginnen. Wenn das Team Wissen angereichert hat und die Antworten schnell kommen, können Sie mit dem dritten Level, der »Weisheit« (Umsetzung) beginnen.

Vorbereitung – ein Praxisbeispiel

Wichtig ist, dass sich der Briefing-Coach gut vorbereitet. Machen Sie sich stichpunktartig Notizen auf einem Blatt oder einer Karte. Die Botschaft an Ihr Team muss lauten: Ich bin top vorbereitet – und jetzt seid ihr dran!

Formulieren Sie aber nie ganze Sätze aus, sonst wirken Sie beim Sprechen steif. Bleiben Sie bei Stichworten. So ein Spickzettel kann folgendermaßen aussehen:

THEMA: LILLET BLANC APERITIF
- Jeder nennt seinen Lieblingsaperitif
- Hauptthema heute: Lillet Blanc
- Lillet Blanc Informationen
- Lillet-Blanc-Aperitifs abfragen
- Gastsituation üben

Bei den Themen für das power briefing gilt: Überschaubarkeit bringt mehr. So ist es einfacher für die Mitarbeiter, ein Briefing-Thema komplett zu erfassen. Also suchen Sie sich immer nur ein spezielles Fachgebiet aus. Notieren Sie sich fünf bis zehn Fragen zu diesem Thema.

- ▸ Lillet ist ein französischer Aperitif aus Weinen (85 Prozent) und Fruchtlikör (15 Prozent)

- ▸ Sonstige Zutaten: Schalen von verschiedenen Zitrusfrüchten (Orangen aus Südspanien, Pomeranzen aus Haiti, Grüne Orangen aus Marokko), verfeinert mit Chinarinde und Honig

- ▸ Geschmack: leicht und fruchtig

- ▸ Aufhänger: In dem Film **Casino Royale** lässt sich James Bond einen Martini mit Lillet anstelle von Wermut servieren, den er später Vesper nennt.

- ▸ Folgende Lillet-Blanc-Aperitifs servieren wir:
  Lillet Blanc pur eiskalt auf Eis
  Lillet Blanc mit Champagner
  Vesper (der James Bond Klassiker aus dem Film **Casino Royale**)

Level 1: Information geben oder einfordern

Wir bleiben beim Beispiel »Aperitif«. Jeder Mitarbeiter soll Ihnen seinen Lieblingsaperitif nennen. Dann kommt der Input: Sie sprechen über das geplante Produkt, etwa so:

»Heute besprechen wir den Lillet Blanc. Ein Lillet Blanc ist ein französischer Aperitif. Hauptbestandteile sind zu 85 Prozent Weine und zu 15 Prozent Fruchtliköre. Außerdem enthält er Zitrusfrüchte (Orangen aus Südspanien, Pomeranzen aus Haiti, grüne Orangen aus Marokko), Chinarinde und Honig. Er schmeckt leicht und fruchtig. Berühmtheit erreichte der Lillet durch James Bond in dem Film **Casino Royale,** als James seinen Martini mit Lillet anstelle von Wermut orderte. Diesen Martini nannte er später dann Vesper. Wir haben folgende Aperitifs mit Lillet im Angebot: Vesper, Lillet Blanc mit Champagner, Lillet Blanc pur auf Eis.

Level 2: Wissen abfragen

Dann können sie ein paar Fragen stellen, zum Beispiel:

Coach: »Was ist ein Lillet Blanc?«

Mitarbeiter 1: »Ein französischer Aperitif mit Orangen aus Haiti, Marokko und Südspanien.«

Coach: »Großartig! Wie schmeckt ein Lillet Blanc?«

Mitarbeiter 2: »Leicht und fruchtig.«

Coach: »Genau. Und welche Aperitifs mit Lillet Blanc gibt es bei uns?«

Mitarbeiter 3: »Vesper, Lillet pur auf Eis oder mit Champagner.«

Coach: »Exakt so ist es.«

Level 3: Weisheit

Coach zum Mitarbeiter 1: »Stell dir vor, ich bin Gast und du bietest mir einen Aperitif an. Wie machst du das? Los geht's!«

Mitarbeiter 1: »Schönen guten Abend, darf es zum Start ein Lillet Blanc pur auf Eis oder ein Vesper sein?«

Coach: »Ich will heute etwas Spritziges trinken.« Jetzt abwarten, wie der Mitarbeiter reagiert.

Mitarbeiter 1: »Dann wäre vielleicht der Lillet Blanc mit Champagner genau das Richtige. Er ist spritzig, leicht und fruchtig.«

Coach: »Klasse, den nehme ich.«

Coach zu Mitarbeiter 2: Neue Situation. Ich bin Gast und sage: »Ich hätte gerne einen Aperitif.« Was sagst du?

Mitarbeiter 2: »Darf es ein Vesper oder ein Lillet blanc mit Champagner sein?«

Coach: »Was ist denn ein Vesper?« Und wieder warten, wie der Mitarbeiter reagiert. Und so weiter…

EINIGE WICHTIGE TIPPS:

► Überlegen Sie sich reale Fragen, wie sie in der Praxis ebenfalls vorkommen.
► Geben Sie im Briefing klare Anweisungen. Beispielsweise so: »Heute haben wir das Thema Weißwein. Ich bin Gast und sage: ›Ich hätte gerne einen Weißwein zum Spargel.‹ Was sagst du?«
► Sprechen Sie anschaulich. Nehmen Sie Produkte mit ins Briefing. Lassen Sie die Mitarbeiter eventuell probieren, fühlen, schmecken, riechen…

Ein Beispiel aus der Praxis (hier: McDonald's)
Ausgangspunkt: Alle stehen im Kreis.

Der Briefing-Coach begrüßt sein Team mit Elan, eventuell mit Lob: »Hallo, schön, euch zu sehen. Vielen Dank für den bombastischen Einsatz gestern. Ihr habt wirklich alles gegeben, und es hat reibungslos funktioniert. Danke noch mal.«

Erscheinungsbild und Haltung checken: »Alle nehmen die Power-House-Haltung ein: Auf beiden Füßen stehen, Brustbein raus, Kopf hoch, Hände nach vorn. Klasse!«

Tagesinformation und Organisatorisches: »Heute ist unser letzter Tag mit dem Wochenburger ›N. Y. Cheeseburger‹. Ab morgen startet der 1955-Burger. Zur Organisation: Heute Mittag erwarten wir wegen des Fußballspiels viel Geschäft. Bitte Ruhe bewahren und konzentriert bei der Sache bleiben!«

Eventuell Tadel: »Vereinzelt höre ich von manchen Verkäufern immer noch: ›Ist das alles?‹ oder ›Noch etwas dazu?‹ Mit dieser Art von Beratung nerven wir die Gäste und haben keinen Erfolg. Deshalb üben wir heute die Beratung von McMenüs.«

Information geben: »Ich wiederhole den Ablauf. Der Gast bestellt ein Sandwich. Wir bieten dem Gast sofort das McMenü an, dann fragen wir die Beilage und das Getränk ab. Wenn der Gast Pommes bestellt, bieten wir ihm zwei Ketchup an. Wenn wir abgefragt haben, ob der Gast das Menü mitnimmt oder hier isst, bieten wir ihm eine Auswahl von zwei Zusatzangeboten: Dessert oder Kaffee.«

Wissen abfragen, Fragen im »Ich sage, du sagst«-Muster:

Coach: »Ich bin Gast und bestelle ein Sandwich. Was sagst du?«

Mitarbeiter 1: »Gerne – darf es das McMenü sein?«

Coach: »Sehr gut.« Zum nächsten Verkäufer: »Was ist beim Anbieten des McMenüs zu beachten?«

Mitarbeiter 2: »Zuerst ›Gerne‹ sagen. Augenkontakt halten. Und wir bieten nur an, was wir verkaufen wollen, in diesem Fall das McMenü.«

Coach: »Klasse!« Fragt den nächsten Verkäufer: »Was machen wir dann?«

Mitarbeiter 3: »Wir bieten ihm die Kombination Pommes und Cola an.«

Coach: »Wunderbar.« Fragt Verkäufer 4: »Wie geht es weiter, wenn der Gast Pommes will?«

Mitarbeiter 4: »Wir bieten ihm zwei Ketchups an.«

Coach: »Sehr gut.« Fragt Verkäufer 1: »Wie geht es dann weiter?«

Mitarbeiter 1: »Wir bieten ihm zwei Desserts an.«

Coach: »Falsch.« Gibt die Frage an Verkäufer 3 weiter: »Was sagst du?«

Mitarbeiter 3: »Wir fragen den Gast: ›Zum Mitnehmen?‹«

Coach: »Richtig.« Fragt Verkäufer 4: »Und was kommt dann?«

Mitarbeiter 4: »Wir bieten dem Gast zwei Desserts an.«

Coach: »Sehr gut.«

Zum Schluss werden noch mal diejenigen gefragt, die etwas nicht wussten. So kann der Coach prüfen, ob sie aufgepasst haben.

Coach zu Verkäufer 1: »Wann bieten wir die zwei Desserts an?«

Mitarbeiter 1: »Immer nach der Frage ›Zum Mitnehmen‹.«

Coach: »Richtig, sehr gut.«

Damit konnte sich Verkäufer 1 rehabilitieren, und das ohne großen Druck.

Weisheit checken (Rollenspiel):

Coach zu Verkäufer 1: »Stell dir vor, ich bin Gast und du führst den gesamten McMenü-Beratungsbaum durch. Wie machst du das? Ich bin Gast und sage: ›Ich hätte gerne einen Big Mac. Los geht's.«

Mitarbeiter 1: »Gerne, als McMenü?«

Coach: »Ja.«

Mitarbeiter 1: »Mit Pommes und Cola?«

Coach: »Ja.«

Mitarbeiter 1: »Mit zwei Ketchup?«

Coach: »Ja, bitte.«

Mitarbeiter 1: »Zum Mitnehmen?«

Coach: »Ja.«

Mitarbeiter 1: »Noch einen McSundae oder einen Kaffee dazu?«

Coach: »Klasse gemacht, genau so will ich es.«

Kommentieren Sie anschließend das Rollenspiel, fragen Sie die »Zuschauer«. Wichtig: Nur Systemabweichungen kritisieren, nicht den persönlichen Service. Das würde den Teilnehmer am Rollenspiel blamieren und dazu führen, dass sowohl er als auch alle anderen beim nächsten Mal nicht mehr gern an einem Rollenspiel mitwirken. Nur positive Punkte hervorheben: Toller Augenkontakt, schöne Stimme, gute Ausstrahlung … Beim Rollenspiel lernen die Zuschauer am meisten. Im power briefing sollten pro Woche vier bis fünf Rollenspiele durchgeführt werden; die Mitarbeiter werden auf diese Weise sehr professionell.

Zusammenfassung und Ziele: »Ich wiederhole, mir ist wichtig, dass ihr den Gast nicht mit den klassischen Fragen »Ist das alles?« usw. nervt. Das Ziel ist, dass jeder Gast, der ein Sandwich bestellt, mit dem McMenü-Beratungsbaum geführt wird.«

Positives Ende: »Heute erwarten wir viele Fußballfans als Gäste. Wir sind auch Fans – von unserem Gästen und vom Fußball. Lasst uns eine La-Ola-Welle machen, los geht's. … Ich wünsche euch eine tolle Schicht.

Philosophie transportieren
Zu Beginn erwähnten wir, dass man eine Philosophie dauerhaft zum Leben bringen kann. Mit dem power briefing können Sie durch die Stimmung, in der Sie das Briefing abhalten, wunderbar Ihre Philosophie widerspiegeln, vorleben und zugleich trainieren. Der Briefing Coach einer italienischen

Espressobar begrüßt sein Team laut mit »Buon giorno, come stai, tutto bene...« Er ist lebendig und temperamentvoll, eben wie in einer Mailänder Espressobar. Dagegen praktiziert der Briefing Coach eines American Coffee Shop eine Atmosphäre von »Charming, hang loose, how are you doing«, gewürzt mit ein bisschen Flirt. Suchen Sie sich den richtigen Zugang für Ihren Betrieb.

Immer wieder können Sie in Ihrem Briefing auf Ihre Philosophie eingehen, egal ob Housekeeping, Küche, Wellness, Veranstaltung, Rezeption oder Bar. Ein Beispiel fürs Restaurant:

»Unsere Philosophie ist ›Nichts ist unmöglich‹, deswegen sagen wir nie: ›Wir sind ausreserviert.‹ Wir bieten dem Gast immer eine Alternative an. Wenn ein Gast um 20 Uhr einen Tisch haben will, wir aber zu dieser Zeit komplett ausreserviert sind, dann bieten wir ihm einen Tisch ab 21 Uhr an. Ich will einfach, dass der Gast das Gefühl hat, wir tun alles für ihn, damit er einen Tisch bekommt. Das ist wichtig, denn wenn wir ihn ohne Alternative abweisen, kommt er vielleicht nie wieder. Er hat sich einen Korb eingefangen. Oder würden Sie eine Frau, die Sie zum Tanzen auffordern und die Ihnen einen Korb verpasst, noch einmal fragen?«

Ritual und Kickoff

Power briefings stehen in der Einführungsphase noch nicht automatisch auf der Tagesordnung. Deshalb ist es enorm wichtig, dass die ersten dreißig Briefings wirklich kontinuierlich abgehalten werden, sodass das power briefing zum Ritual wird. Wenn Sie die Briefings einmal verinnerlicht haben, werden Sie sie ohnehin immer und überall durchführen und damit jedes Team zu Höchstleistungen pushen.

Führen Sie vor dem Start ein Meeting mit allen Mitarbeitern durch. Informieren Sie Ihr Team darüber, was Sie vorhaben. Erklären Sie, wie sich die Beteiligten einbringen sollen, welcher Nutzen für alle entsteht. Dieser Start ist als Kickoff zu sehen: Ab jetzt für immer.

Alle Personen, die in Zukunft power briefings abhalten, sollten dieses Buch lesen und geschult werden. Wenn Sie die Briefings delegieren, dann bereiten Sie mit der entsprechenden Person das Briefing vor und begleiten Sie die Briefings die ersten Male. Sobald Sie mit der Qualität der Briefings zufrieden sind, reichen regelmäßige Kontrollen. Oder besser noch: Sie halten wenigstens gelegentlich selbst ein Briefing.

PANNENHILFE – TYPISCHE FALLEN UND WIE MAN SIE UMGEHT

PANNENHILFE – TYPISCHE FALLEN UND WIE MAN SIE UMGEHT

Ich kann mich noch gut an meine ersten power briefings erinnern. Inspiriert von amerikanischen Vorbildern und voller Überzeugung, den Schlüssel zum Erfolg gefunden zu haben, präsentierte ich meinem ersten Kunden die power briefings. Ich begann die Arbeit mit den Betriebsleitern. Das waren ehemalige Barkeeper oder ehemalige Studenten, alle wissbegierig – aber auch gleichzeitig skeptisch. Vorsichtig betrachteten sie meine neue Formel zur Mitarbeiterführung. Neugierig probierten die »Jungs« die power briefings aus und hatten damit auch schnell Erfolg. Und ich fühlte mich großartig – es funktionierte!

Doch ein Killervirus schlich sich ein: Bequemlichkeit, gepaart mit der Ausrede: »Uns sind die Briefingfragen ausgegangen.« Schon nach drei Wochen begannen die power briefings langsam, aber stetig einzuschlafen. Der ganze Elan war dahin.

Ähnlich erging es mir zu Anfang auch in anderen Betrieben. Egal, ob ein Fünf-Sterne-Hotel, ein privat geführtes Restaurant oder ein Coffeeshop, es passierte überall das Gleiche: Man sah den Erfolg der ersten power briefings, und trotzdem stockten die power briefings sehr schnell, bis sie wieder ganz von der Bildfläche verschwunden waren. Ich war enttäuscht: Warum passiert so etwas mit einem offensichtlich erfolgreichen System?

Es war deprimierend, ein Modul als Highlight anzupreisen, das dann doch nicht dauerhaft umgesetzt wurde. Unsere Kunden wollten schließlich echte Lösungen und keine Eintagsfliegen.

Dann kam ein Kunde aus München, der einige Zeit in Los Angeles in einem **Hot-Spot-Restaurant** Erfahrungen gesammelt hatte. Er wusste, was Service und Dienstleistung bedeuten kann und was nötig ist, um ein Team zu führen und Service zu leben. Von da an hatte ich Unterstützung. Der Inhaber bestand einfach darauf, ohne weitere Diskussionen. Er ließ es nicht zu, dass die power briefings wieder eingestellt wurden.

Jetzt hatte ich mehrere Betriebe, die kontinuierlich power briefings durchführten. Diese Zeit war wie die Arbeit in einem Labor. Ich sah alle Schwächen und Stärken der power briefings live und in Farbe, wir konnten viel ausprobieren und gingen durch Hochs und Tiefs. Mit diesen Erfahrungen und den entsprechenden Referenzen konnte ich außerdem andere Betriebe gewinnen und überzeugen. Doch was noch wichtiger war: Wir konnten Erfahrungen sammeln, wussten zunehmend, wie man die Schwächen bezwingt und vor allem, wie man perfekte power briefings durchführen kann. Die power briefings wurden Zug um Zug durch die Briefing-Coaches individueller und bereicherten die Betriebe. Jede Firma oder Abteilung stellte uns vor neue Herausforderungen.

Durch jahrelanges Beharren und unsere intensive Suche nach der Ideallösung ist es uns gelungen, das System der power briefings weiterzuentwickeln und so zu perfektionieren, dass Sie ihr Team damit kontinuierlich zu Höchstleistungen führen können. Dazu gehört auch, die Fallen zu kennen, die überall lauern können, und dafür zu sorgen, dass sie umgangen werden. Damit auch in Ihrem Betrieb das power briefing einen wirklichen Unterschied ausmachen kann.

DAS BEWUSSTSEIN IST DER SCHLÜSSEL

Eine schmerzliche Erkenntnis: Wenn die Einrichtung des power briefings scheitert, dann ist der Grund dafür die falsche Einstellung. Und zwar nicht die Einstellung der Mitarbeiter, sondern derjenigen, die die power briefings ein- und durchführen.

Gefährdet sind hier vor allem Manager, die permanent in den Rückspiegel sehen. Manchmal hört man nämlich von leitenden Angestellten Folgendes: »Früher haben wir uns selbst informiert, sonst wären wir sofort rausgeflogen.« Oder: »Es bringt nichts, die neue Generation hat kein Interesse mehr.« Oder: »Die Spaßgesellschaft hat nur noch Interesse an privaten Dingen, aber nicht mehr am Job.« Diese Haltung ist fatal.

Doch oft wird die Entwicklung eines Mitarbeiters auch dem Zufall überlassen, nach dem Motto: Mal sehen, wie er sich macht.

Ein Betrieb forderte von den Mitarbeitern, dass sie sich über die Homepage des Betriebes vor Dienstantritt selbstständig über die Tagesangebote informieren sollten. Im Briefing wurde dann streng abgefragt. Natürlich war das Resultat dürftig. In diesem Briefing wurde den Mitarbeitern täglich vor Augen geführt, was sie nicht draufhatten. Sie fühlten sich ständig ertappt, wenn sie etwas nicht wussten. Macht es in so einem Betrieb Spaß zu arbeiten?

AM BETRIEB ARBEITEN STATT IM BETRIEB

Nach meiner Lehre im Hotel Bayerischer Hof in München und einer span-
nenden Zeit als Barchef im Hotel Königshof in München eröffnete ich mit
zweiundzwanzig Jahren ein Café in einer Kleinstadt im Bayerischen Wald.
Der Betrieb war ein voller Erfolg. Ich hatte etwa fünfzehn festangestellte
Mitarbeiter und fünfundzwanzig Aushilfen. Ich führte meine Mitarbeiter
sehr kollegial und freundschaftlich. Aber trotz bester Entlohnung meiner
Leute gelang es mir nicht, meine eigene Arbeitszeit unter vierzehn Stun-
den täglich zu drücken. Kaum war ich aus dem Laden heraus, funktionierte
es nicht mehr so, wie ich wollte. Das Personal stand entspannt zusammen
und unterhielt sich. Die Tische waren teilweise nicht abgeräumt, Gäste
warteten, es fand kein aktiver Verkauf statt. Der Espresso hatte nicht die
richtige Crema, die Musik war aus, das Licht wurde nicht gedimmt, und
insgesamt herrschte eine lasche Stimmung. Meetings und Gespräche zu
diesem Thema waren mehr oder weniger erfolglos. So konnte es nicht weitergehen.

Um Abstand zu gewinnen, fuhr ich nach München zu meinem ehemaligen
Chef und berichtete ihm von meinen Sorgen. »Du machst den Managerfeh-
ler Nummer eins«, sagte er mir. »Du arbeitest **im** Betrieb statt **am** Betrieb.
Du musst deine Mannschaft trainieren. So wie du coachst, wird später ge-
spielt.« Voller Elan setzte ich an einem Sonntag eine für alle freiwillige
Cocktailschulung an. Raten Sie mal, wer teilnahm: Alle Aushilfen waren

da, aber von den fünfzehn Festangestellten kam nur einer. Ich war enttäuscht, denn die Festangestellten hätten die Übung und das Wissen am nötigsten gehabt.

Von meinem alten Chef lernte ich noch drei essenzielle Dinge zum Thema Mitarbeiterführung:

Die Schuldfrage

»Die Schuld für Fehler liegt immer beim Chef.« Dieser Hinweis war für mich schwer zu akzeptieren, aber zugleich eine richtungsweisende Erkenntnis, die mich fortan in die Pflicht und Verantwortung nahm. Es war ja klar: Wird ein Kunde schlecht bedient, verliere ich ihn womöglich. Was nützt es mir dann, die Schuld an die anderen weiterzugeben? Die Folgen trage ja ohnehin ich.

Wenn ein Mitarbeiter also etwas nicht so umsetzt, wie ich es will, dann ist es meine Schuld. Wenn ich z. B. eine Produktschulung durchführe und am nächsten Tag niemand mehr davon weiß, dann ist es die Schuld des Trainers. Der Trainer muss sich Gedanken machen: Wie muss ich die Schulung durchführen, damit die Informationen haften bleiben? In meinem Fall war der Fehler, dass man freiwillig an der Schulung teilnehmen konnte.

Ein Chef wird nicht geliebt

Ich dachte sofort an die Einberufung einer Pflichtveranstaltung, sah aber schon im Voraus die langen Gesichter meiner Angestellten. Mein ehemaliger Chef begegnete meinen Zweifeln sofort mit einem schlagenden Gegenargument, das mich ebenfalls mitten ins Herz traf: »Ein Chef wird nicht geliebt.« Mitarbeiter lieben sich untereinander (auf gleicher Ebene), aber sie lieben niemals ihren Vorgesetzten.

Diese Erkenntnis war brutal für mich und doch sehr erhellend. Ich hatte bisher wirklich alles für meine Leute getan. Aber wenn man geliebt werden möchte, arbeitet man an Gefühlen. Typische Aussagen von Mitarbeiter sind dann: »Bist du heute böse mit mir? Liebst du mich nicht mehr?«

Ein Chef wird respektiert, wenn er an Resultaten arbeitet, nicht an vagen Gefühlen. Ergebnisse sind überprüfbar.

Ich setzte die Briefings fortan für alle zur Pflicht an. Die langen Gesichter hatte ich erwartet; sie waren mir egal. Ich dachte mir, der Erfolg zählt, sonst nichts. Und das Ergebnis: Innerhalb kürzester Zeit konnte ich mein Team durch die Trainings in Sachen Verkaufsaktivität, Servicekultur und Betriebsklima auf den höchsten Stand bringen.

- ▸ Arbeiten Sie am Betrieb und nicht im Betrieb.
- ▸ Suchen Sie die Schuld immer zuerst bei sich. Wer hat den Mitarbeiter eingestellt, ausgebildet, motiviert, kontrolliert oder nicht ausgestellt?
- ▸ Erwarten Sie keine Liebe, wenn Sie power briefings und Trainings ansetzen. Sie werden respektiert und auf eine andere Art geliebt, wenn Sie an Resultaten arbeiten und alles funktioniert. Die Qualität einer Führungskraft misst sich an anderen Faktoren. Der finanzielle und persönliche Erfolg gibt ihnen recht. Stellen Sie sich vor, Sie sind nicht da und trotzdem läuft Ihr Betrieb reibungslos: So sieht Erfolg aus.

Wer power briefings in seinem Betrieb einführt, investiert Intelligenz, Zeit, Ideen, Liebe und nicht zuletzt Disziplin. Bei der Disziplin liegt allerdings auch der Haken – schnell ist man wieder im Alltagstrott. Kleinigkeiten wie eine defekte Spülmaschine, die ein Briefing ausfallen lässt, oder Urlaub desjenigen, der das Briefing initiiert hat, bringen manchmal alles wieder zum Erliegen. Das ist menschlich, schließlich ist Disziplin harte Arbeit.

Rudi Kull, Inhaber sehr erfolgreicher Betriebe in München, hat auf den Briefings beharrt und nicht locker gelassen. Für die Betriebsleiter in seinen Restaurants und Hotels gilt folgende Regel:

Briefing = Job – No briefing = No Job!

Er wusste, nur wenn es gelingt, dass seine Leader **am** Betrieb arbeiten, dann ist der weitere Erfolg gewährleistet. Wenn der Chef nicht zu hundert Prozent hinter dem power briefing steht und die Ausführenden täglich antreibt, dann verschwindet das power briefing wie so viele andere Ideen schnell wieder. Hat es sich fest installiert, wird es zum Selbstläufer.

DAMIT IHNEN NIE DIE THEMEN AUSGEHEN

Ein sehr oft gebrauchtes Argument, warum die Briefings eingestellt wurden, lautet: »Uns sind die Themen ausgegangen, es wurde langweilig.« Oder: »Wir wissen nicht mehr, was wir fragen sollen.« Wer so argumentiert, hat den Sinn und Zweck des power briefings noch nicht ganz verstanden.

»Keine Themen« gibt es nämlich gar nicht. Ein Fußballtrainer hört ja auch nicht von einem Tag auf den anderen mit dem Training auf nach dem

Motto: »Ich weiß nicht mehr, was ich noch trainieren soll.« Außerdem fällt bei einer solchen Argumentation die Teambildung unter den Tisch, die sich durch das Ritual des täglichen Treffens ergibt.

Die Führung eines Unternehmens muss ein Bewusstsein für das neue Trainingsmodul entwickeln. Das dürfen keine hohlen Absichtserklärungen sein, sondern es muss ein tief verankerter Wunsch dahinter stehen. Wünsche sind Energieformen. Alle weiteren Schritte sind dann relativ einfach. Den Service beobachten, die Verkaufszahlen auswerten, dem Betriebsklima nachspüren, die Servicekultur reflektieren, die Umsetzung der Philosophie prüfen und darauf mit den entsprechenden Briefingthemen täglich neu reagieren. Sie wissen doch: Erfolg ist eine Folge und Begeisterung ist übertragbar.

HIER NOCH EINIGE BEWÄHRTE BRIEFINGTHEMEN ZUR INSPIRATION:

▶ Produktkenntnis
Alle Warengruppen durchgehen und nach dem Muster »Ich sage – du sagst« trainieren

▶ Auswahltechnik
Wie funktioniert sie?
Wie können wir sie anwenden?
Warum sollen wir diese Technik anwenden?

▶ Verkaufstechniken für den Zusatzverkauf
Nicht trainierte Mitarbeiter würden die Frage stellen: »Noch etwas dazu?« oder: »Ist das alles?«

▶ Reklamationsverhalten

▶ Allgemeinwissen
Messen, Veranstaltungen, Ereignisse

▶ Wissen über das eigene Unternehmen
Wie viele Mitarbeiter, wann und von wem gegründet usw.

▶ Charme und Esprit
Begrüßen und Verabschieden in Rollenspielen üben

▶ Fremdsprachen
Führen Sie doch mal ein Briefig in Englisch durch!

MISSBRAUCH VON BRIEFINGS VERHINDERN

In herkömmlichen Briefings geht es meistens nur um organisatorische Dinge wie z.B. Lieferung, Lager, Wer hat welche Station/Abteilung, Was ist aktuell zu tun usw. Damit werden Briefings missbraucht, um Alltagskram mitzuteilen. Das lähmt die Leistung und wirkt demotivierend.

Viele Manager/Leader demonstrieren unbewusst in ihren Vorträgen, Meetings oder Briefings ihr persönliches Wissen – »Seht her, wie toll ich bin!« Das ist der schnellste Weg, um dafür zu sorgen, dass Mitarbeiter abschalten. Das Team hat keine Chance, Energie zu tanken oder Standardsituationen zu trainieren. Die Verkaufstechniken werden nicht geübt, und die Kreativität der Mitarbeiter kommt nicht zum Einsatz.

Natürlich muss auch die Organisation besprochen werden. Aber im Rahmen der power briefings nimmt sie nur einen kleinen Raum ein, denn alle diese Dinge können knapp abgehandelt werden. Der wichtige Teil des power briefings ist das Training der Mitarbeiter – damit alle gemeinsam jeden Tag ein Stück weiterkommen.

AUS DER PRAXIS –
BEISPIELE UND TIPPS
AUS DEM ALLTAG

AUS DER PRAXIS – BEISPIELE UND TIPPS AUS DEM ALLTAG

So traumhaft es klingt: Man kann wirklich alle Probleme, die sich in einem Betrieb im Laufe der Zeit ergeben, mit dem power briefing regeln.

Viele Arbeitgeber sind hin und her gerissen zwischen den beiden Aufgaben, zum einen ein guter und netter Chef zu sein und zum anderen kompromisslose Disziplin, Fleiß und Leistung einzufordern.

In diesem Zusammenhang ist immer wieder von »Zuckerbrot und Peitsche« die Rede, aber das hat noch nie funktioniert. Also was tun, wenn der verkaufsstärkste Mitarbeiter, der immer gut gelaunt und energiegeladen seine Aufgaben mit viel Spaß erfüllt, ständig zu spät kommt?

Es zu tolerieren schwächt die Moral der anderen. Ultimaten stellen kann dazu führen, dass man den Mitarbeiter gehen lassen muss – was weder Wunsch noch Ziel ist. Immer wieder Ermahnungen und Drohungen aussprechen, die zu nichts führen, schwächt die eigene Position. In all den Jahren, die wir mit den unterschiedlichsten Betrieben verbracht haben, hat sich gezeigt, dass alle ungefähr die gleichen Sorgen haben, nur in den unterschiedlichsten Variationen. Wir haben die häufigsten Probleme und die damit verbundenen Lösungen für sie zusammengetragen, um auf der einen Seite zu zeigen, dass auch die erfolgreichsten Betriebe nur mit Wasser kochen, aber auch um zu verdeutlichen, wie naheliegend die Lösungen oft sind.

DISZIPLIN

Unverzichtbar und mit altmodischen Bildern behaftet und dennoch eine Grundvoraussetzung für Erfolg: Disziplin ist das »Sorgenkind Nummer eins«. Vor allem, wenn es um Pünktlichkeit geht. Schnell stellt sich heraus, ob ein Mitarbeiter grundsätzlich pünktlich ist oder nicht. Unpünktlichkeit ist aber kein unabänderliches Schicksal, sondern die Folge eines schlechten Zeitmanagements und der mangelnden Fähigkeit (oder des mangelnden Interesses), vorausschauend seinen Weg in den Betrieb zu planen.

Wir sprechen hier nicht von Pannen oder höherer Gewalt, die wirklich jedem mal passieren können. Es sind nämlich immer dieselben Mitarbeiter, die pünktlich oder unpünktlich erscheinen, egal wie weit oder kompliziert, einfach, aufwendig oder unaufwendig der Arbeitsweg ist. Meistens huschen die »Sünder« mit gesenktem Blick und schuldbewusster Miene fünf bis zehn Minuten nach Arbeitsbeginn in die Firma, versuchen sich unsichtbar zu machen und hoffen, (wieder mal) nicht aufzufallen. Und sie kommen auch oft damit durch – was die anderen irgendwann nervt und ganz schlecht fürs Klima im Team ist. Das Unvermögen, dieses Verhalten zu ändern, schwächt die Position des Chefs und ist der Nährboden vermeidbarer Probleme.

Ein klarer Start
Möglich ist so ein Verhalten meistens, wenn es keinen klaren Start gibt. Die Mitarbeiter erscheinen, je nach Naturell, fünfzehn, zehn oder fünf Minuten vor Arbeitsbeginn und legen dann einfach los. Im ersten geschäftigen Treiben mischen sich die »anderen« in die Gruppe und legen ebenfalls einfach los oder machen schnell mit. Wenn der Serviceleiter oder Chef nicht vor Ort ist, fallen diese Dinge oft spät oder erst dann auf, wenn die Unpünktlichkeit einzelner Kollegen zu einem Problem geworden ist. Man ermahnt die/den Mitarbeiter vor der Gruppe und macht sich lächerlich mit Drohungen, die man selbst gar nicht wahr machen möchte.

Also ist ein täglicher, gemeinsamer klarer Start der erste unverzichtbare Schritt hin zu einer klaren Struktur – eine Hilfestellung für einen diszipliniert geführten Betrieb.

Versammeln Sie sich jeden Tag fünf Minuten vor Arbeitsbeginn mit allen Mitarbeitern in einem Kreis. Ist ihre Mannschaft zu groß (mehr als zwanzig Personen), dann teilen Sie die einzelnen Abteilungen nach der Begrüßung und einer kurzen Motivation in kleinere Gruppen auf und lassen die jeweiligen Abteilungsleiter das Briefing weiterleiten.

Davon abgesehen, dass dieses gemeinsame Zusammenstehen, so simpel es ist, auch den Teamgeist stärkt, sorgt es dafür, dass »Zu-spät-Kommer« immer auffallen. Nichts ist peinlicher als ein »Gesichtsverlust« vor der Gruppe.

In Düsseldorf hatten wir einen Betrieb, in dem die umsatzstärkste Mitarbeiterin jeden Tag zu spät kam. Schuld war nach ihren Angaben die Bahn, die einfach nicht pünktlich fuhr. Den Vorschlag, einfach einen Zug früher zu nehmen, hielt sie für unzumutbar, da sie ja ohnehin schon so früh los musste. Eigentlich wusste sie aber, egal wie spät sie jeden Tag auch kam, sie würde keine ernsthaften Probleme bekommen. Denn aufgrund ihres Charmes, ihrer Attraktivität und ihres Fleißes hatte sie immer den größten Umsatz, egal wie klein oder groß ihr Revier war. Den Chef hatte sie damit »in der Hand«. Außer ihrer Leistung und der immer wieder demonstrierten Einsicht und dem Versprechen, sich zu bessern, passierte gar nichts.

Aber die anderen Mitarbeiter wurden eifersüchtig und hatten überhaupt kein Verständnis für diese Nachsicht. So wurde die Mitarbeiterin langsam zum Außenseiter im Team. Dem Chef wurde unterstellt, in sie »verliebt zu sein«. Dies wurde dem Chef irgendwann bewusst und er versuchte, dem Gerücht mit unangebrachter, willkürlicher Härte bei anderen Entscheidungen zu begegnen. Ein Teufelskreis begann.

Durch die Einführung des power briefings und des damit verbundenen gemeinsamen Starts wuchs der Gruppendruck auf die Mitarbeiterin. Einen Menschen um den Finger zu wickeln ist einfach; bei einer ganzen Gruppe ist es auf die Dauer unmöglich. Jeden Tag den Blick vieler Augen auf sich gerichtet zu wissen wurde unerträglich. Was der Chef alleine nicht geschafft hatte, wurde von der Gruppe übernommen. Nach drei Tagen wurde der Mitarbeiterin klar, dass jede Ausrede lächerlich klang. Ihr Charme prallte ab. Da sie nicht ausgeschlossen werden wollte, verbesserte sich ihre Disziplin deutlich. So seltsam es klingt: Ihr Leidensdruck hatte sich erhöht, und dadurch kam es zu einer tiefen Veränderung ihrer Eigenwahrnehmung.

Durch den täglichen gemeinsamen Start zeigt der Leader, dass er alles unter Kontrolle hat und dass ihm nichts entgeht.

IRRITIERENDE KOMMUNIKATION

Manche Menschen benutzen »negative Assoziationen« oder »negative Körpersprache«, um etwas eigentlich Positives auszudrücken. Wir hatten einen Betrieb, in dem das sehr junge Team aus »nachtaktiven Vögeln« bestand. Nach der Schicht, die ohnehin sehr lange ging, wurde noch kräftig gefeiert, und zwar möglichst jeden Tag. So wurde es zu einer Art internen Wettbewerbs, wer zum Schichtbeginn am verschlafensten aussah, wer am meisten über den Kater der letzten Nacht oder den mangelnden Schlaf jammerte und so weiter. Wer war am längsten aus? Wer kann am meisten trinken? Wer lernt die meisten Leute kennen? Das Herumreichen von Aspirin und das »Jägerlatein« wurden zur morgendlichen Routine. Obwohl die Leute gar nicht immer so fertig waren, wurde es einfach cool, so zu tun, als sei man es. Wer ausgeschlafen und fit war, wurde zum Außenseiter.

Nach dem Zusammenrufen des Teams und der täglichen Begrüßung kann man solche Gruppen zur »Ordnung und Haltung« rufen. Sätze wie: »Jetzt macht mal einen schönen Kreis und hängt nicht so schlapp in den Seilen!« zeigen, dass Energie und Wachheit gewünscht sind. Aber nicht als Ermahnung, sondern immer mit Humor. Sätze wie: »Da müssen wohl einige erst noch in Red Bull baden.« oder: »Hier scheint nicht jeder sein Müsli aufgegessen zu haben.« oder Ähnliches nehmen den Anmerkungen die Schärfe. Dabei bleibt die Botschaft aber unverändert: »Schlapp sein«, egal ob verbal oder körperlich, ist hier nicht erwünscht.

An besonders »schlimmen« Tagen kann man gleich mit einem Briefing zum Thema Körperhaltung beginnen:

»Guten Morgen zusammen, schön, euch zu sehen. Stellt euch bitte zu einem Kreis zusammen. Ah, einige sind heute wohl etwas schlapp. Also beginnen wir unseren Tag heute mit Körpertraining. Ihr wisst, dass eine energiegeladene und positive Haltung ein wichtiges kommunikatives Mittel und eine Orientierungshilfe für unsere Kunden ist. Also sagt mir bitte (Ball werfen und beantworten lassen):

▶ Wie sieht die optimale Körperhaltung aus?

▶ Wie stehen die Beine?

▶ Wie steht die Hüfte?

▶ Was macht man mit den Händen?

▶ Welchen Gesichtsausdruck hat man?

▶ Wie spricht man am besten?

▶ Darf man den Tisch des Gastes berühren?

▶ Was passiert mit dem Gast, wenn man ernst schaut?«

Wenn man bei den ersten Fragen feststellt, dass diese Dinge den Mitarbeitern noch nicht klar sind, beginnt man mit einem Input der entsprechenden Informationen.

Und so lassen sich noch viele Dinge mehr besprechen. Durch das Einfordern von Energie und Haltung beginnt der Tag positiv und das Klima ist von Anfang an spannungsgeladen und nicht schlapp. Die Mitarbeiter wissen, dass sie »voll da sein müssen«. Die negative Spirale hört auf, sich zu drehen.

Ebenso kann man mal mit einem kleinen Fußballspiel, einer kurzen Morgengymnastik, einem Sprint um den Betrieb oder sonstigen Spielen beginnen. Alles, was Abwechslung und Spaß bringt, fördert die Begeisterung für das tägliche power briefing.

PROBLEM UNGEPFLEGTE ERSCHEINUNG

Leider haben manche Menschen eine allzu lockere Einstellung zur Körperpflege. Entweder wurde es nicht gelernt oder es ist Nachlässigkeit. Das es ist ein heikles Thema, das aufgrund der Intimität oft schwer zu handhaben ist. In Einzelfällen muss man sich überwinden und das Gespräch unter vier Augen suchen. Ich selbst hatte einen Mitarbeiter, der extrem stark schwitzte und dann schnell ziemlich stark roch. Er war einer meiner fähigsten Mitarbeiter. Mir war klar, dass er sich in Grund und Boden schämen würde, sollte ich ihn darauf ansprechen. In diesem Fall habe ich seinen vertrautesten Kollegen zu einem Gespräch unter vier Augen gebeten und ihm unter dem Siegel der Verschwiegenheit von meinem Dilemma erzählt. Dabei erfuhr ich, dass es sich um ein krankheitsbedingtes Schwitzen und nicht um mangelnde Hygiene handelte.

Einige Tage später habe ich eine große Tüte mit Kosmetik und Hygieneartikeln mit zum power briefing gebracht. Viel Deo, Feuchttücher, sehr schöne Haarklammern, Gel und Haarspray, Puder, Creme: alles sehr schöne und hochwertige Artikel.

Nach der Begrüßung habe ich das Briefing damit begonnen, dass mir ein gepflegtes Erscheinungsbild nicht nur bei der Dienstkleidung, sondern

auch bei den Mitarbeitern selbst sehr wichtig ist. Dann habe ich mit dem Werfen des Balls abgefragt, was zu einem gepflegten Auftritt gehört: Geruch; geputzte Zähne; saubere, matte Haut; schöne Frisur usw.

Danach habe ich den Mitarbeitern gesagt, dass es mir wichtig ist, dass sie ihren Auftritt immer wieder kontrollieren. Wir sind alle menschlich mit all unseren Körperfunktionen, sollten diese aber kontrollieren. Ich habe ihnen die »Erlaubnis« gegeben, lieber einmal zu viel als zu wenig das Bad aufzusuchen. Das klingt jetzt vielleicht albern, aber bei meinem Gespräch mit dem Mitarbeiter war herausgekommen, dass der Kollege nicht »unnötige« Zeit im Bad verbringen wollte, weil er befürchtete, den Eindruck von »Pausenschinden« zu erwecken. Das war für mich ein spannendes Beispiel dafür, dass manchmal »negatives« Verhalten aufgrund von »gut gemeinter Motivation« entsteht. Mit den hochwertigen Kosmetikartikeln, die ich den Mitarbeitern für die Sozialräume geschenkt habe, wurde mein Anliegen noch verdeutlicht, und ich konnte zeigen, dass mir meine Mitarbeiter etwas »wert« sind. Mit der Zeit hatte jeder Mitarbeiter ein umfassendes Arsenal an eigenen Kosmetikartikeln. Ein Mitarbeiter hat die Aufgabe bekommen bei Bedarf selbstständig Dinge zu kaufen und sich die Auslagen dann von mir erstatten zu lassen.

In einem anderen Betrieb hatten wir eine Betriebsleiterin, die sich die Zähne nicht oder schlecht putzte, was unangenehm roch und schlimm aussah. Die Mitarbeiter haben sich immer wieder hinter ihrem Rücken über diesen Mangel lustig gemacht, was ihrer Autorität erheblich schadete. Sie war immer top, konnte sich aber aufgrund dieser Nachlässigkeit bei vielen Themen nicht durchsetzen. Da half nur ein Vier-Augen-Gespräch mit der Chefin und eine professionelle Zahnreinigung.

Solche Themen können wunderbar in einem power briefing im ganzen Team angesprochen und gelöst werden. So werden sie nicht als Problem wahrgenommen, schon gar nicht als persönliches Problem eines Einzelnen. Da durch den Ball alles ein spielerisches Element erhält, kommt es erst gar nicht zu einem künstlichen Aufbauschen von Kleinigkeiten.

MEHR UMSATZ DURCH EINEN KLAREN START

Wenn man ein Restaurant eröffnet, kann es dauern, bis das Geschäft in Schwung kommt. Aber diese Zeit hat man wahrscheinlich nicht.

Unser Kunde hatte schon einige Betriebe und eröffnete nun eine Lifestyle-Pizzeria. Alles war richtig: der Ort, die Einrichtung, das Angebot, das Personal. Doch am Mittag kam der Laden nicht in Schwung. Bis die ersten Gäste kamen, war es 12:30 oder 13 Uhr. Dann kamen sie spärlich, und für eine zweite Belegung war es oft schon wieder zu spät. Es fehlte dadurch Umsatz, mit dem kalkuliert worden war.

Nachdem wir den Betrieb einige Zeit beobachtet hatten, stellten wir Folgendes fest: Schon in der zweiten Woche nach der Eröffnung kamen die Mitarbeiter mit der Einstellung: »Bei uns ist am Mittag nichts los.« Sie erschienen immer »knapper« zur Mittagsschicht und erledigten dann viele nebensächliche Dinge. Auf diese Weise erweckten sie den Eindruck: »Wir arbeiten viel und sind fleißig.« Es wurde poliert, geputzt, gewischt und vieles mehr. Die Abendschicht reagierte schnell. Immer mehr Arbeiten wurden auf den Mittag verschoben mit dem Argument: »Da ist Zeit, all das zu machen, und wir sind schon müde.«

Was passierte dadurch? Das Restaurant und die Mitarbeiter erweckten den Eindruck: »Wir sind noch nicht so weit.« Aber mittags haben die Kunden keine Zeit. Schnell rein, schnell raus – so soll es sein.

Durch das Verschleppen der Arbeit sandten die Mitarbeiter also ein falsches Signal an ihre potenziellen Gäste aus. Dazu kam: kein optimales Licht, keine oder falsche Musik, keine fertigen Speisekarten oder Tafeln. Wenn man als Gast in der knappen Mittagspause nur wenig Zeit hat, kann man das alles nicht gebrauchen.

Daraufhin haben wir das power briefing auf »Zehn Minuten vor Öffnung der Türen« gelegt und die strenge Auflage ausgegeben, dass bis dahin alles erledigt sein müsse. Am Anfang protestierten die Mitarbeiter und meinten, man könne die nötigen Vorbereitungen nicht in so kurzer Zeit erledigen. Es war natürlich doch möglich. Die Abendschicht übernahm wieder ihren Teil und die Mitarbeiter wurden schneller und genauer. Wenn der Laden top war, »ready to go«, begann das power briefing mit der täglichen Motivation und dem passenden Training. Auf einmal hatten die ersten Gäste, wenn sie um Punkt 12 Uhr in der Tür standen, eine wache Mannschaft vor sich, die in den Startlöchern stand und bereit war wie Pferde in der Startbox kurz vor dem Signalschuss. Schnell haben die Kunden das neue Signal erkannt und das Mittagsgeschäft kam in Gang.

Dieses »Nicht ready«-Problem haben viele. Egal ob Hotel, Restaurant oder Wellnessbranche: Durch den gemeinsamen Start wird der Gast oder Kunde von einem wachen, aufmerksamen, gut trainierten Team erwartet. Es kann sofort mit hundertprozentiger Leistung losgehen.

LOGISCHES DENKEN TRAINIEREN

Oft hören wir von Betriebsleitern, dass sie nicht verstehen, warum ihr Team nicht logisch reagiert. Das ist meistens falsch, denn siehe oben: Der Chef ist immer schuld. Eine Einstellung, die erst einmal schmerzt – vor allem den Chef. Wenn man sich aber danach richtet, wird das Leben in vielen Bereichen sofort leichter.

Stellen Sie sich immer die Frage: »Habe ich die Lösung dafür schon vorgegeben?« Haben Sie schon gesagt, wie auf bestimmte Situationen zu reagieren ist? Mitarbeiter sind meistens darum bemüht, nichts falsch zu machen. Das führt manchmal dazu, dass sie »nicht logisch« reagieren. Trainieren Sie alle Eventualitäten im power briefing, dann gibt es auch keine unliebsamen Überraschungen.

Sind Reaktionen auf überraschende Situationen schon einmal angesprochen worden? Notieren sie sich alle Eventualitäten und Situationen auf einem Blatt und besprechen Sie sie nach und nach im Briefing.

Beispiel Kassensituation (z. B. Vapiano, Burger King & Co)

Briefing-Coach: Es ist mir aufgefallen, dass zur Zeit mehr als üblich los ist und dass es dadurch zu langen Schlangen an unseren Kassen kommt. Bitte gebt jedem Gast durch einen deutlichen Blick in die Augen das Gefühl, dass er gesehen wurde. Dadurch nehmt ihr den Gästen etwas von der Anspannung und Ungeduld. Wenn ihr seht, dass eine Schlange mehr als fünf Personen hat, öffnet bitte sofort eine weitere Kasse. Teilt das dem Schichtleiter mit und reagiert dann selbstständig. Jeder, der die Erlaubnis zu kassieren hat, kann dies dann machen.

Und jetzt wird wieder der Ball geworfen und abgefragt:

▸ Also, wie nehmen wir den Gästen, die in einer Schlange warten, etwas von ihrer Ungeduld?
▸ Warum ist das so?
▸ Wann öffnen wir eine zweite Kasse?
▸ Wer darf das machen?
▸ Wer muss Bescheid wissen?
▸ Wie reagieren wir auf viele Gäste?

Dabei immer loben und auf die richtigen, originellen und klugen Antworten entsprechend positiv reagieren.

Beispiel Rezeption

Briefing-Coach: »Um das morgendliche Auschecken der Gäste reibungslos und schnell über die Bühne zu bringen, ist es wichtig, dass bestimmte Fragen immer sofort gestellt werden, bevor die Rechnung erstellt wird.

Ball werfen und Fragen beantworten lassen.

► Welche sind das?

► Können wir unterschiedliche Rechnungsadressen einfügen?

► Können die Gäste bei uns bar bezahlen?

► Können alle Leistungen auf Businessrechnungen gesetzt werden?«

Wenn Ihre Mitarbeiter diese Fragen beantworten können, sind sie auf alles gut vorbereitet und/oder stellen zusätzliche Fragen, bei denen sie sich unsicher sind. Lassen Sie es dabei aber nicht zu Diskussionen kommen. Wichtig ist es, diese Fragen am Ende oder mit Ankündigung am nächsten Tag zu klären. So zeigen Sie, dass Sie immer klare Anweisungen aussprechen und Fragen Ihrer Mitarbeiter nicht vergessen.

Beispiel Housekeeping

In einem der ersten Betriebe, in denen ich als Servicekraft gearbeitet habe, wurde einmal die komplette Einrichtung mit einem falsch angewendeten Reinigungsmittel zerstört. In dieser Bar wurden abends immer Kerzen angezündet, was toll für das Ambiente war, aber für uns lästig aufgrund der immer wieder entstehenden Wachsflecken. Jeden Abend mussten die Tische mit einer Spachtel abgekratzt werden. Allerdings war das ein Spezialspachtel, der die empfindliche Lackierung der Tische schonte. Das wusste allerdings niemand außer dem Betriebsleiter. Um an einem Abend, an dem die Schicht besonders lange gegangen war, möglichst schnell nach Hause zu kommen, griff einer der Mitarbeiter beherzt zu einem normalen Spachtel aus dem Werkzeugkasten. Erst am nächsten Morgen bei Tageslicht konnte man erkennen, dass alle Tische zerstört waren: Der Lack sah aus, als wäre eine Horde Schlittschuhläufer über die Möbel gejagt.

Briefing-Coach: »Hallo zusammen, schön, euch zu sehen. Wir haben gestern ein neues Reinigungsmittel für unsere Sanitäranlagen bekommen. Es heißt Milizid Shine und wird eins zu fünf mit kaltem, klarem Wasser verdünnt. Bei sehr starken Verschmutzungen kann es auch pur angewandt werden – dann aber bitte nach einer kurzen Einwirkzeit mit Wasser abwaschen. Tragt dazu bitte immer Handschuhe und verwendet ihn auf keinen Fall – also wirklich nie! – bei Materialien wie Marmor und Granit. Die

werden von dem Reinigungsmittel angegriffen, und das darf auf keinen Fall passieren.

Und jetzt wird wieder der Ball geworfen und die Informationen werden abgefragt.

▶ Wie heißt der neue Sanitärreiniger?

▶ In welchem Verhältnis wird er verdünnt?

▶ Wenn ich einen Liter Putzmittel haben möchte,
   brauche ich wie viel von dem Reiniger?

▶ Was sind Sanitäranlagen?

▶ Welche Einrichtungen in einem Bad sind keine Sanitäranlagen?

▶ Warum muss ich Handschuhe tragen?

Zusatzhinweis: Das Briefing wird effektiver, wenn Sie es direkt in einem Badezimmer durchführen.

FACHKRÄFTE QUALIFIZIEREN, KOLLEGEN INTEGRIEREN

Der Bedarf an Fachkräften wird in Zukunft zunehmen. Power briefing ist das beste Mittel zur schnellen Qualifizierung von Mitarbeitern, besonders in den Betrieben, wo reger Personalwechsel stattfindet, oder bei Neueröffnungen.

Auf Monkey Island in Düsseldorf fand nach drei Jahren Beachclub-Gastronomie ein radikaler Richtungswechsel statt. Der Club war geschlossen worden, und ein Konzept mit drei Restaurants mit gehobener Gastronomie und mit einem echten Großstadt- und Hotelfeeling gab die neue Richtung an. Die »alten Hasen« unter den Mitarbeitern waren es gewohnt, in Flipflops und Shorts einen sehr legeren und »spritzigen« Service zu performen. Gute Laune, Ausdauer und Wetterfestigkeit waren die wichtigsten »alten« Voraussetzungen und Tugenden der Mitarbeiter. Mit dem neuen Konzept kamen neue Kollegen, die vorwiegend in Hotels und Sterne-Häusern gelernt hatten. Das Temperament war gedämpft, doch das Fachwissen bis in die kleinsten Details sehr groß. Die Restaurantleiterin war vom ersten Tag an damit beschäftigt, aus zwei »gegnerischen Mannschaften« ein Team zu formen.

Andrea Grudda dazu: »Ohne das power briefing wäre mir das nie gelungen. Ich habe immer nur von all den Vorteilen gesprochen, die jeder mitbringt, und alle voneinander lernen lassen. Durch das tägliche Training waren auch die ›Beachboys‹ schnell in der Lage, Defizite bei der Produktkenntnis, Weinkunde und Servicestandards aufzuholen. Und die ›Hotelleute‹ haben gemerkt, dass die entspannte, lockerer Art sehr gut bei den Gästen ankam. Sie haben sich viele Dinge wie Humor, Charme und Schlagfertigkeit während der Briefings abgeguckt. Es war sehr wichtig, zu lernen: ›Wie weit kann ich gehen, ohne unhöflich oder pampig zu wirken?‹ Nach relativ kurzer Zeit hatte ich ein sehr leistungsstarkes Team.«

QUEREINSTEIGER

In der Gastronomie ist es selbstverständlich, mit Quereinsteigern zu arbeiten. Wir alle kennen die Gründe: Für den Betrieb sind Aushilfen kostengünstig, flexibel und effektiv einsetzbar. Und für die Aushilfen ist die Gastronomie ein verlockendes Arbeitsfeld, weil die Einarbeitungsphasen kurz sind und weil es relativ schnell »volle Gehälter« gibt – und nicht zuletzt Trinkgeld.

Engagierte und begabte Aushilfen bleiben aber oft auch »hängen«. So kommt es immer wieder dazu, dass Quereinsteiger auch zu Führungskräften aufsteigen. Das kann allerdings durchaus zu Konflikten führen, wenn im Team ausgebildete Fachkräfte sind. Doppelt explosiv wird es, wenn diese Fachkräfte schon länger im Betrieb sind und bei der Beförderung – warum auch immer – übergangen wurden.

Da spreche ich aus eigener Erfahrung. Ich wurde als Restaurantleiterin für ein Gourmetrestaurant eingestellt. Anscheinend haben meine »softskills« überzeugt – mein Fachwissen war dürftiger. Ich muss heute noch lächeln, wenn ich mich frage, wie ich das geschafft habe. Natürlich hatte ich jahrelange Erfahrung als Servicekraft, auch in Führungspositionen. Aber ich kam aus der Szene-Gastronomie. Ich hatte zwar sehr gute Kenntnisse zum Thema Wein, aber die allermeisten Fachbegriffe – vor allem wenn es französische waren – waren mir einfach unbekannt. Kein Mensch in der Szenegastronomie spricht vom Chambrieren, und ein Jeroboam war mir noch nie begegnet.

Schnell war klar, dass meine Kellner mehr wussten als ich. Auch wenn mir das Leiten des Betriebes sehr leichtfiel, wäre ich wohl irgendwann mit Bravour gescheitert, hätten wir nicht zufällig kurz nach meiner Einstellung ein Coaching mit Hans-Jürgen Hartauer mit dem Schwerpunkt »power briefing« durchgeführt.

Sofort wurde mir klar, dass das die beste Möglichkeit sein würde, meine Wissenslücken zu füllen. Denn auf die Dauer würde es sonst Schwierigkeiten mit einigen Mitarbeitern geben, die Anstoß daran nahmen, dass ein so exquisites Restaurant von einem »Laien« geführt wurde.

Derjenige, der das Briefing leitet, lernt am meisten. Mich nachts hinsetzen und Fachbücher zu studieren – das hätte ich im Leben nicht geschafft, aber die kurze tägliche Vorbereitungszeit fürs power briefing konnte ich mir nehmen. So nutzte ich jeden Tag für mich selbst – aber auch für die anderen Teammitglieder, die ähnliche Hürden zu nehmen hatten. Noch heute glaube ich, dass keinem aufgefallen ist, wie lückenhaft (um es vorsichtig zu formulieren) mein Wissen war. Nach kurzer Zeit waren wir alle auf einem ähnlichen Wissensstand angekommen. Seit dieser Erfahrung bin ich ein glühender Fan der power briefings. Täglich konzentrierte drei Minuten – das ist so viel Zeit und Information!

SPIELVERDERBER AUSBREMSEN

Sobald Sie mit den Briefings beginnen, werden Sie merken, dass es nach kurzer Zeit immer einen Spielverderber gibt. Ein Mitarbeiter hat keine Lust auf dieses »alberne Spiel«. Das müssen Sie von Anfang an unterbinden. Denn wenn das Briefing neu ist, sind alle noch unsicher. Man befürchtet, sich eventuell zu blamieren, nicht schnell oder cool genug zu antworten, oder man hat einfach noch nicht begriffen, um was es geht und warum das Briefing gemacht wird. Die »Spielverderber« verhalten sich meistens gleich. Sie haben keine Lust, sich in einen Kreis einzugliedern. Sie sagen, sie müssen sich setzen, oder hängen an eine Wand gelehnt am Rand. Auch wird gerne Arbeit vorgeschoben und laut verkündet, dass das erst schnell erledigt werden muss und man dann zu den anderen in den Kreis kommt.

Sagen Sie dazu ganz klar: »Stopp – nein – bitte komm zu uns.« Und weisen Sie alle darauf hin, dass Sie einen »engen und klaren« Kreis wünschen. Loben Sie sofort die Schnellen im Team und machen positive Bemerkungen über das »wache« Verhalten. Über das Lob, so einfach es ist, freut sich die Gruppe und hat immer weniger Lust, die »Extrawurst« hinzunehmen. Lassen Sie nie nach und tolerieren Sie Spielverderber nicht. Wenn Sie ihnen nachgeben, stellen Sie ihr eigenes System in Frage, und es wird viel schwieriger sein, die Briefings auf Dauer zu installieren. Auch demonstrieren Sie mit dieser Einforderung von Anweisungen Ihre Durchsetzungskraft. Sie sehen also, dass selbst die leiseste und auf den ersten Blick unbedeutendste Bemerkung sofort eine Auswirkung auf das Team und Ihre Ausstrahlung als Leader hat.

TEAMBILDUNG BEI NEUERÖFFNUNG

Wenn jemand bei einer Neueröffnung behauptet, er habe ein tolles Team und das Betriebsklima sei super, dann ist das Unsinn. Ein Team muss sich natürlich entwickeln. Erst wenn einer für alle und alle für einen arbeiten, wenn die Systeme umgesetzt werden und alles läuft, dann macht es Spaß, zu arbeiten. Und erst dann kann man von einem guten Team sprechen. Wer meint, ein Teambuildingseminar würde das Problem lösen, der täuscht sich.

Teambuildingmaßnahmen sind immer nur als ergänzende Trainings zu sehen. Ein gemeinsamer Tag im Kletterwald, eine sehr beliebte teambildende Maßnahme, kann ein positives Gemeinschaftserlebnis sein und dabei helfen, Vertrauen aufzubauen. Ein gutes Betriebsklima ist aber mehr als das Zehren von einem gemeinsamen Tag.

Es gibt ein Sprichwort: »Team heißt ›Toll, ein anderer macht's‹.« So soll es auf keinen Fall sein. Mit dem power briefing stellen Sie alle Mitglieder Ihres Teams gleich. Niemand ist im Vorteil, niemand im Nachteil. Das ist der Grundstein für ein leistungsorientiertes Team.

ZUM GUTEN SCHLUSS

ZUM GUTEN SCHLUSS

Wir könnten noch unzählige Beispiele auflisten, die Ihnen zeigen, dass wir nicht zu viel versprechen. In vielen Jahren als Coaches, in den unterschiedlichsten Betrieben auf der ganzen Welt, sind wir immer wieder zu der Überzeugung gekommen, dass es nichts Einfacheres, Gründlicheres und Umfassendes gibt, um mit einer Firma auf Erfolgskurs zu kommen, als das tägliche Drei-Minuten-Training mit dem power briefing.

Aber vielleicht fragen Sie sich jetzt immer noch: **Warum** ist das power briefing allen sonstigen Maßnahmen überlegen? Welchen tieferen Vorteil hat das power briefing in den Bereichen Schulung und Teambildung?

Was ist das Geheimnis dieses außergewöhnlichen Erfolgs?

Am Anfang dieses Buches haben wir uns mit dem Thema Motivation befasst und festgestellt, dass sie aus einem natürlichen Antrieb entsteht.

Ein anderes Bild soll am Schluss dieses Buches stehen: Stellen Sie sich einen Sandhaufen vor, der wild durcheinander auf einem Tisch liegt. Was passiert, wenn Sie jetzt mit einem gleichmäßigen, vibrationsartigen Rhythmus auf den Tisch klopfen? Die Sandkörner fangen an, eine Dynamik zu entwickeln. Sie vereinen sich in einem Kreis. Dieses Phänomen, aus einer streuenden Struktur ein selbstorganisierendes dynamisches System zu entwickeln, haben wir mit dem power briefing übernommen. Mit den Ritualen der power briefings rütteln Sie die einzelnen Individuen (Sandkörner) zu einem selbstorganisierten Team in einer Kreisstruktur zusammen.

Die Natur will es so – die Natur will power briefings.

ERFAHRUNGEN MIT POWERBRIEFING

DAVID OESTERREICH, Falkenstein Grand Kempinski, Königstein-Falkenstein im Taunus – Frankfurt am Main
• Umstellung seitens des Managements unproblematisch, für die Mitarbeiter deutlich größer, da sie aktiver in die Briefings eingebunden werden
• Die Mitarbeiter nehmen Themen intensiver auf und an; sie beschäftigen sich auf einem ganz anderem Level mit den täglichen Herausforderungen
• Die Nachhaltigkeit ist deutlich größer

• Es gibt weniger Informations- und »Übersetzungenverluste« von Planung/Strategie in die praktische Umsetzung, da die Themen besser ausdiskutiert und von verschieden Seiten (Management und Mitarbeiter) dargestellt werden

PROF. JÜRGEN KLEIBER-WURM, Strategie Coach

Was können wir von erfolgreichen Unternehmen lernen? Vor allem dies: Neben der strategischen Innovationskraft ist es an erster Stelle das trainierte Team – sei es im Verkauf, im Marketing, im Vertrieb, im Service – das über Erfolg oder Scheitern entscheidet. Training macht dann Spass, wenn es interaktiv ist. Wenn der »Trainierte« selbst Erfolgserlebnisse produziert, wenn er zum Star in einem Hochleistungsteam wird. Genau das ist der Unterschied von herkömmlichen Briefings zum neuen, von Hans-Jürgen Hartauer entwickelten, power briefing.

DIETER SCHENK, Robinson Club Hannover (Robinson Clubs Weltweit)

Die Akzeptanz seitens der Führungskräfte und auch der teilnehmenden Mitarbeiter war von Anfang an sehr hoch. Da diese Form der Informationsweitergabe zu einem Fixpunkt im Arbeitsalltag geworden ist, wird das power briefing von allen Mitarbeitern als Kommunikationsplattform geschätzt. Alle Kollegen sind stets begeistert dabei und fühlen sich, durch nun geschlossene Informationslücken, sicherer in ihrer Arbeit, was sich auch im Auftreten gegenüber dem Gast und in gesteigerter Fachkompetenz widerspiegelt. Eine allgemeine Steigerung der Gästezufriedenheit im Hinblick auf die Serviceleistung bei ROBINSON konnte schon messbar erzielt werden, und auch im direkten Feedback von Gästen wird das professionelle Servicegesicht sehr gelobt. Auch in wirtschaftlicher Hinsicht ist ein anhaltend positiver Trend zu verzeichnen. Aus Dienstleistersicht ist diese einzigartige und einfach umzusetzende Kombination aus gesteigerter Serviceleistung, begeisterten Mitarbeitern und der daraus praktisch automatisch hervorgehenden Umsatzsteigerung eine wahre Bereicherung im Arbeitsalltag.

SEBASTIAN NIELSEN, Adventure Camp Schnitzmühle (Bayrischer Wald)

Der größte Erfolgsfaktor eines Betriebs liegt nach meiner Ansicht im fraktalen Management. Damit meine ich, dass der Wesenskern des Betriebs die gleiche Struktur wie jeder einzelne Angestellte besitzen muss. Für mich sind power briefings das tägliche Mittel zum Erfolg, um jedes Team-Mitglied mit dem nötigen Geist und Energie zu pushen. Mit diesem Schub geht jeder raus, als ob es sein Laden wäre.

CHECKLISTEN
FÜR DIE PRAXIS

POWERBRIEFING AUF EINEN BLICK

POWER BRIEFING AUFBAU	WAS BEDEUTET DAS?
1. Der Leader ist top vorbereitet	Notieren Sie sich die Briefing-Fragen und Themen auf einem Notizblatt.
2. Kreis bilden	Achten Sie auf einen geschlossenen Kreis. Er ist wichtig für den Energiefluss. Achten Sie auf Disziplin: Alle stehen, keiner lehnt sich an, Körperhaltung!
3. Mit Power starten	Anfang: Einen Vortrag nicht mit einem Papierkorbsatz (liebe Kollegen, etc.) beginnen. Interesse wecken. Zündende Aufhänger: Kompliment an die Mitarbeiter – aktuelles Ereignis – persönlich Erlebtes – kleine Geschichte – etwas zeigen, demonstrieren, vormachen …
4. Spielregeln	Achten Sie auf Disziplin im Briefing: Einer spricht, alle hören zu, keiner greift den anderen ins Steuer.
5. Informationen	Tagesinformationen weitergeben
6. Negatives in der Mitte	Was läuft momentan nicht so gut?
7. Fragen stellen	Das heutige Sales- und Lifestyle-Thema ansprechen: Im »Ich sage – du sagst«-Modus abfragen: 1. Informieren 2. Wissen abfragen 3. Weisheit checken

POWER BRIEFING AUFBAU	WAS BEDEUTET DAS?
8. Loben	Jede Antwort kurz kommentieren: Klasse, top, super, na ja …
9. Wiederholungen einbauen	Fragen ruhig mehrfach stellen, das regt die Kreativität an.
10. Zusammenfassung & Ziele	Fassen Sie Ihr Briefing-Thema noch einmal zusammen und sprechen Sie den heutigen Fokus bzw. Ziele an.
11. Positiv enden	Finale: Ein Grundsatz erfahrener Schauspieler heißt: »Reiß sie noch einmal von den Stühlen, bevor der Vorhang fällt!« Für Sie gilt das Gleiche. Der Schluss ist ein strategischer Höhepunkt.

IHR EIGENES POWER BRIEFING

POWER BRIEFING

Briefing-Coach ....

Teilnehmer ....

Datum ....

Abteilung ....

ERSCHEINUNGSBILD   KREIS

Start: positiv   WAS / WIE

Tagesinformation >   ....
Organisation   ....
     ....

Evtl. Tadel   ....
     ....
     ....

power briefing: ....
Thema   ....
     ....

Informationen   ....
geben   ....
     ....

Wissen abfragen   ....
                            ....
                            ....

Weisheit checken   ....
(Rollenspiele)   ....
                            ....

Zusammenfassung   ....
                            ....
                            ....

Ende: positiv   ....
                            ....
                            ....

Als Hilfestellung für die erste Zeit ist es wirksam, wenn Sie diese Liste kopieren und aufhängen, damit sie jeder sehen kann und Klarheit herrscht.

NOCH MEHR THEMEN FÜR IHR POWER BRIEFING

Wellness & Spa
MAIKA VIRGILI, Leiterin Wellness & Spa
HUBERTUS – Alpin Lodge & Spa in Balderschwang

GÄSTEINDIKATIONEN
- Besprechung des Tagesplanes der einzelnen Mitarbeiter
- Info-Austausch zwischen den Mitarbeitern bzgl. Gästeanamnese

ABLAUF
- Besprechung der Kabinenbelegung

UPSELLING
- Freie Termine des darauf folgenden Tages werden bekannt gegeben, sodass gezielte Empfehlungen ausgesprochen werden können.

NEUHEITEN
- Neue Produkte werden vorgestellt. Nutzenargumentation für den Gast wird besprochen. Dies erhalten die Mitarbeiter auch in schriftlicher Form für ihr Handbuch.
- Neue Arrangement und Behandlungen werden vorgestellt. Nutzenargumentation für den Gast wird besprochen.

SAUBERKEIT & HYGIENE IM SPA
- Kabinensauberkeit wird besprochen, falls nötig. Mitarbeiter werden für die Sauberkeit im gesamten Spabereich sensibilisiert.

AKTIVPROGRAMM DES TAGES
- Aktivprogramm des Tages wird besprochen, sodass die Mitarbeiter auf Fragen der Gäste reagieren können (Yoga, Wanderungen, etc.).

BUDGET & UMSATZ
- Die erreichten Umsätze im Produktverkauf und Behandlungsumsatz werden besprochen und neue Zielvorgaben für den Tag ausgegeben. Der Mitarbeiter sollte über den Stand des Budgets informiert sein und in genauen Zahlen wissen, wer was tun kann, damit das vorgegebene Budget erreicht wird. Aktuelle Liste mit Verkaufszahlen hängt aus.

Bankett- / Eventbereich
STEFFEN MÜLLER, Stellvertretender Direktor
Hotel Bachmair Weissach GmbH & Co. KG in Tegernsee

OPERATIONS
- Aufbau Kaffeepause
- Set-Up Tagungsraum Standard
- Infos auf dem Function-Sheet
- Berechnen und Buchen von Zusatzverbrauch (Getränke)
- Anschließen Beamer / Grundfunktion
- Aufstellen und Inbetriebnahme Medientechnik
- Einstellen Musikanlage Nebenräume

ADMINISTRATION
- Standardfragen bei telefonischer Veranstaltungsannahme
- Ablauf Hausführung Tagung
- Ablauf Hausführung Hochzeit
- Anlegen und Ändern von Templates in Amadeus (Vorlagen für Bestätigungen)
- Standard für Eingabe von Firmenkarteien
- Struktur schriftliches Angebot
- Kontrolle Veranstaltungsrechnung an Hand von Vertrag und Function Sheet

… und wenn wir durch sind, fangen wir von vorn an oder haben wieder viele neue Punkte

Front Office
KERSTIN TRAEGL, Abteilungsleiterin Rooms Division
Robinson Clubs

- Clubinfos wie die Regelungen in den Spezis, ROBYClub etc.
- Clubanzahl in der Region mit Namen inkl. Gästestrukturen
- Paketinhalte (Honeymoon, Gönn Dir Mehr etc.)
- Service-Drehbücher (levelweise)
- Check in (Welcome Feeling, Check-in-Struktur)
- Rooming
- Check out
- Zimmerkategorien
- Preistypen
- Golfbegriffe
- Grundsätze (Hotel, allgemein)
- Gästezahlen
- Anreisen/Abreisen/Eventuelle Besonderheiten des Anreisetags
- Factsheets Gruppen/Events
- Wochenprogramme, Daily News
- Infos vom Abteilungsleitermeeting
- Inhalte ROBINSON Kundenkarte
- Infos über Personen ROBINSON Hannover/Regionen
- Belegungsmöglichkeiten
- Tenniscamp, Beachvolleyballcamp, Partywoche
- Verbuchung in Protel
- Permanent service
- Cross selling
- Treatments VIPs
- Anreisevorbereitungen
- 828-Call & Weckruf
- Late Check out, Verkauf und Handling
- Upselling, Verkauf und Handling
- COMP/HOUSE Reservierungen (korrekte Eingabe)

Bar
CLAUDIUS ZSCHALER, Restaurantleiter und Barchef
Louis Hotel München (Emiko: modern japanese Bar)

- Welche Trends erleben Bars, wie können wir partizipieren? (Eiskugeln, Japanese Hard Shake, Produkttrends, Cocktailtrends)
- Welche Produkte wurden wieder entdeckt und erleben einen neuen Hype? (z. B. Creme de Violette, Forgotten Drinks)
- Warum der Kaffee teurer wird!
- Aktuelles: Bericht vom BCB (Bar Convent Berlin)
- Welche Auswirkungen hat Fukushima auf unsere Produktbeschaffung? (Preisentwicklung und wirtschaftlicher Hintergrund)
- The Story behind the drink: Wie kam der Cocktail zu seinem Namen?
- Bitters: Angostura, Peychaud's und The Bitter Truth
- Wie verkaufe ich Desserts an der Bar?
- Champagner & Weinservice (z. B. welches Glas?)
- Weinfehler – Wie erkenne ich Weinfehler?
- Reklamationen bei Wein, Cocktails, Speisen
- Körpersprache – Wir sehen uns!
- Wie schaffe ich es, dass meine Bargäste Speisen bestellen?
- Barorganisation – Wie organisiere ich meinen Arbeitsplatz (Mixstation / Service)?
- Wie bewältige ich Stresssituationen?
- Offene Weine – Charakteristik und Expertisen!
- Specials – Bartenders Choice (Tagescocktail) und japanischer Digestif!
- Liquid Desserts – Welche Desserts kann ich nachmixen. z. B. Tiramisu, After Eight, Schwarzwälder Kirsch, Tee – Welche Unterschiede bestehen zwischen den verschiedenen Arten?
- Japanischer Digestif – Shiraume (weißer Pflaumen-Sake), Yuzushu (Likör auf Shochu-Basis mit Yuzu Aroma), japanischer Limoncello
- Winterliches Japan – Nippon Punsch (japanisch inspirierter Punsch für Dachterrasse)
- Sake (Marken, Arten, Charakteristik und Temperaturen)
- Shochu – Marken, Arten, Charakteristik – aus Süßkartoffeln, aus Gerste, aus Reis, gelagert in Tonfässern
- Japanischer Whiskey – Marken, Arten, Charakteristik, Herkunft, Geschichte japanischer Destillerien
- Foodpairing – Welche Aromen lassen sich mit welchen Spirituosen mixen?

Fitness: Philosophie & Spirit im Adventure camp
SEBASTIAN NIELSEN, Hotelier
Adventure Camp Schnitzmühle in Viechtach

Das power briefing in unserem thailändisch-bayerischen Restaurant wird durch unser Team als »Voodoo-Clan« vollzogen. Wir treffen uns, und dann erklärt beispielsweise unser Koch ein neues Gericht wie »Killerbienenhonig-Wildlachs-Steak«.

In den power briefings werden die Serviceleute, oder besser gesagt: Voodoo-Clan-Mitglieder, fit gemacht, bis sie das wie aus dem Maschinengewehr geschossen den Gästen anbieten können.

WEITERE THEMEN

⊗ Wildness-Möglichkeiten in der Umgebung (Kanutour, Quadtour, Bike-Downhill-Park, Erlebnispädagogen): wann, wer, was

⊗ Shopping-Möglichkeiten in der Umgebung (Glaskauf mit Specials wie mundgeblasene Weingläser; coole Strickmützen vom Bio-Hof mit Schafen)

⊗ Sightseeing-Möglichkeiten in der Umgebung (**Baumwipfelpfad.de** in Neuschönau, schneekirche.de in Mitterfirmiansreut)

⊗ Absichtsloses Verkaufen

⊗ Walk in the customers shoes

⊗ Interdisziplinäres Denken und Handeln (Wissen, was unsere Leute **auch** lieben könnten (wie bei amazon: Käufer dieses Buches interessieren sich auch für ...)

Restaurant
YVONNE UND ALEXANDER TSCHEBULL
Restaurant Tschebull, Hamburg

INFORMATION
✖ Was bedeutet »sortenrein« bei unseren Säften?
✖ Welche Früchte sind im »Weißen« von Gegenbauer?
✖ Welche Früchte sind im »Roten«?
✖ Was ist eine Manufaktur?
✖ Wie viele verschiedene Apfelsäfte haben wir und woher kommen diese?

WEISHEIT
-> Zu welchem Essen empfehlen wir unsere Säfte?
-> Haben wir Apfelsaft aus Österreich?
-> Ist im »Roten« Alkohol?

INFORMATION
✖ Was sind Schmankerl?
✖ Was ist ein Schwammerlgulasch?
✖ Was sind Salzburger Nockerln?
✖ Was ist Vanilleobers?

WEISHEIT
-> Kann ich auch Kleinigkeiten bestellen?
-> Ist das Schwammerlgulasch vegetarisch?
   Oder – welches Fleisch ist im Schwammerlgulasch?
-> Ich habe eine Laktose-Intoleranz –
   kann ich die Salzburger Nockerln essen?
-> Wie schmeckt der Vanilleobers?

INFORMATION
✖ Aus welchem Fleisch ist unser Schnitzel?
✖ Wie wird die Panade gemacht?
✖ In welchem Fett ist das Schnitzel gebraten?
✖ Welche Beilagen hat das Schnitzel?
✖ Kann ich die Beilagen ändern?

WEISHEIT
-> Ist Schweinefleisch in unserem Schnitzel?
-> Kann ich einen grünen Salat zum Schnitzel bestellen?
-> Ist Gluten in der Panade?

Restaurant
ANDY SALGER, Restaurantleiter
Restaurant Brenner, München

SOFTS

- ⊗ Wie nimmt der Gast mich wahr – in die Augen schauen, langsam und deutlich sprechen – »On-Top-Service« (Jacke abnehmen, Stuhl rücken, Hocker für Tasche reichen und so in Gespräch kommen)
- ⊗ Arbeiten im Team und in den Stationen der anderen (mit teambildenden Spielen)
- ⊗ Begrüßung und Verabschiedung (sind zwei Themen)
- ⊗ Feedback im Allgemeinen und dann in offener, kleiner Runde in den Gruppen (das Team arbeitet am Team)

UNSER HANDWERK

- ⊗ Das Service-Drehbuch, gesplittet in folgende Parts: Eröffnung am Tisch/Servieren der Getränke und Speisen/der Besuch der Gäste (Essen/Genießen)/die Nachbereitung
- ⊗ Reklamationshandling
- ⊗ Verkauf Upselling (mit welchen Techniken biete ich Produkte an, die den Besuch qualitativ steigern)
- ⊗ Verkauf Zusatz (Beilagen/Wasser/Desserts usw.)
- ⊗ Verkauf ohne Karte (Bedarfsanalyse/Voreinwandsbehandlung/ Angebot/Einwandsbehandlung/Angebot neu definieren)
- ⊗ Verkaufstechniken allgemein
- ⊗ Alle Arten von Produktschulungen (Beverage/Food)
- ⊗ Wie verkaufe ich Produkte auf den Punkt?
- ⊗ Effektives Arbeiten in der eigenen Station
- ⊗ Die Philosophie des Brenner und was wir dafür tun müssen

Restaurant
MARTIN RIEB mit den Restaurantleitern DANIEL und SASCHA
Restaurant Fischer am Ammersee

Einmal täglich trifft sich das Servicepersonal (entweder gemeinsam oder aufgeteilt auf mehrere Gruppen). Alle Teilnehmer stellen sich im Kreis auf (keiner sitzt oder lehnt sich an Wänden oder Stühlen bzw. Tischen an; die Hände werden locker gefaltet vor dem Bauch gehalten). Der Briefingleiter beginnt mit der Begrüßung aller Teilnehmer. Generell gilt: Keiner wird unterbrochen, kritisiert oder vom Briefing ausgenommen. Nach dem Briefing wird durch kurze Fragen kontrolliert, ob die einzelnen Punkte verstanden worden sind (Kurze Abfrage aller Teilnehmer).

MÖGLICHE BRIEFINGTHEMEN:

❌ Der Gast ist die Nummer eins. Kent Hahne (Vapiano) sagt: »Gäste zu bedienen ist das schnellste Dankeschön, das du bekommst. Wenn du einen tollen Job machst, dann ist es das tollste Flirten und das charmanteste Miteinander.« Erfolg kann nur an der Kultur der Firma festgemacht werden. Alle Mitarbeiter sind von ihr beeinflusst. Erfolg heißt für uns: Der Gast steht im Mittelpunkt. Die Motivation für den Besuch eines Restaurants ist heute nicht mehr der Hunger. Es ist die Sehnsucht nach sozialem Kontakt, nach Anerkennung, es geht um die Anbahnung von Freundschaft und Beziehung. Erfolgreiche Gastronomen sehen den Gast nicht als Kunden, sondern immer als Menschen. Die Begeisterung des Gastes ist der wichtigste Faktor zum Erfolg. Stellt euch vor, ihr wärt heute Abend Gast im FISCHER – Frage in die Runde: Wie möchtest du empfangen werden? Was für eine Stimmung erwartest du? Was wünschst du dir von deinem Kellner? Möchtest du vorab einen Aperitif? Wie lange bist du bereit, auf deinen Aperitif zu warten? Freust du dich, wenn der Kellner dir Wein nachschenkt? Erwartest du eine Nachfrage von deinem Kellner, ob dein Essen schmeckt? Und so weiter.

❌ Immer wieder stelle ich eigene gastronomischen Erlebnisse vor: Was ist mir beim Besuch anderer Restaurants passiert. Was hat gefehlt? Wie machen wir es? Was machen andere besser als wir? Wie können wir das auch machen? Habt ihr Lust darauf?

❌ Reklamationsverhalten: Stell dir vor, ich bin dein Gast und beschwere mich über das Fleisch: »Mein Fleisch riecht schon etwas alt und schmeckt ranzig. Verwenden Sie altes Fleisch? Das ist doch niemals frisch!« Oder: »Hören Sie, die Sauce passt überhaupt nicht zu meinen Beilagen. Ich möchte eine neue!« Oder: Der Gast hat alles aufgegessen, verneint aber bei der Nachfrage, ob es geschmeckt hat. Wie reagieren die Servicemitarbeiter? Kennen sie die Standards im Hinblick auf Reklamationen? Wann bekommt der Gast ein neues Essen? Wann nehme ich die Speisen von der Rechnung? Wann gibt's ein Dessert aufs Haus? Wann einen Kaffee?

⊗ Reservierungen von Gruppen ab 15 Personen. Wenn an dem gewünschten Datum genügend Kapazität verfügbar ist (außer Freitag und Samstag, an diesen Tagen nur bis 16 Uhr, da diese Tage für Hochzeiten freigehalten werden) kann die Reservierung von jedem angenommen werden. Ganz wichtig ist der Name des Reservierenden (Vorname und Nachname!), die Anzahl der Personen, die Telefonnummer und am besten auch die E-Mail-Adresse des Gastes. Diese Punkte sind zwingend bei einer Reservierung erforderlich. Grund der Reservierung – Hochzeit, Geburtstag, Firmenausflug …? Hinweis, dass bei Gruppen ab 15 Personen ein gemeinsames Menü ausgewählt werden muss. Liegt die Reservierung noch im selben Monat, kann der Hinweis auf unsere Online-Speisekarte gegeben werden. Liegt die Reservierung in einem Folgemonat, muss der Hinweis erfolgen, dass wir die Karte per E-Mail im PDF-Format verschicken, sobald die neue Karte fertig ist (bei uns ändert sich die Speisekarte alle 6 Wochen). Am Ende des Telefonats bedanken wir uns für die Reservierung und verabschieden uns. Wichtig für die weitere Bearbeitung: Telefonnotiz an den Veranstaltungsleiter, damit dieser sich um die weitere Bearbeitung kümmern kann.

⊗ Tagesaktuelle Themen: Was ist negativ aufgefallen, was war positiv? Viele Themen lassen sich aus dem Tagesgeschäft herausziehen. Wo gab es positive Resonanz, was können wir also schon gut oder sehr gut? Woran müssen wir noch arbeiten? Beispiele: Ist bei großen Gruppen alles nach Plan gelaufen? Was können wir für die zukünftigen Abläufe optimieren? Wie ist ein besonders gut ausgelasteter Tag abgelaufen – haben alle an einem Strang gezogen oder gab es Ausreißer? Veranstaltungen, egal ob kleine Gruppe oder geschlossene Veranstaltung (Ablauf der VA, Empfang, Speisen, Getränke, Einteilung der Stationen, Besonderheiten).

⊗ Innerbetriebliche Verhaltensweisen: Wie lange vor meinem Dienstbeginn habe ich anwesend zu sein (10 Minuten)? Wie verhalte ich mich bei einem Storno (Der Restaurantleiter oder der Schichtleiter dürfen bei uns stornieren – wer einen falschen Artikel boniert, muss dem jeweiligen Verantwortlichen den Grund mitteilen und den Originalbeleg aufbewahren. Nachdem der Artikel storniert worden ist, werden beide Zettel aufgehoben und der Stornobon vom Verantwortlichen unterzeichnet)? Wie verhält es sich mit den Raucherzeiten (immer nur einer, nicht in der Zeit von 18 bis 21 Uhr, beim Rauchen keine Handysession abhalten, sondern möglichst beeilen und nach dem Rauchen Kaugummi und Hände waschen, erst dann wieder an den Gast herantreten)?

- ⊗ Wein- und »Special«-Briefing: Wie schmeckt ein bestimmter Wein, was sind seine typischen Eigenschaften (Name, Herkunftsland und Ort, Weinname und Winzer)? Danach wird jeder neu vorgestellte Wein von allen probiert. Specials, die wir jeden Abend zusätzlich zu unserer Speisekarte aus der Küche anbieten: Dabei ist es besonders wichtig, die Beilagen zu kennen und jede Komponente des Gerichts auswendig zu wissen und dem Gast beschreiben zu können.

- ⊗ Neue Speisekarte: Alle sechs Wochen bekommen wir eine neue Speisekarte. Die Gerichte müssen von allen Mitarbeitern auswendig aufgezählt werden können. Dabei muss nicht nur der Name des Gerichts, sondern auch die Beilagen und die genaue Bezeichnung genannt werden können. Die Karte wird so oft gebrieft, dass alle ein sehr gutes Level erreichen (keiner wird ausgenommen).

- ⊗ Innerbetriebliche Verhaltensweisen: Umgang mit (neuen) Arbeitskollegen (Herzlichkeit, Hilfsbereitschaft), jeder für jeden, auch stationsübergreifend.

- ⊗ Service-Briefing: Durchspielen des Service-Drehbuchs (ein bis zwei Mitarbeiter sind Gast, ein Mitarbeiter spielt den Service) mit Tagesspecial und Weinempfehlung.

- ⊗ Reklamations-Briefing: Umgang mit jeglicher Kritik vom Gast zu Speisen, Getränken, Service etc. (Nicht entschuldigen, sondern: »Es tut mir leid.«; Alternativen anbieten …)

QUOTES

» Drei Minuten am Tag ist die neue Zauberformel, die Unternehmen zum Erfolg führt! Mit nur drei Minuten Training am Tag ist es möglich, dass Konflikte zwischen Angestellten erst gar nicht entstehen. Durch die power briefings bündelt sich die Essenz von fünfzehn Jahren Erfahrung der Autoren mit klaren, verständlichen Worten. Endlich gibt es ein überzeugendes Handbuch! « SEBASTIAN NIELSEN, HOTELIER

» Die power briefings sind in unseren Betrieben das zentrale Steuerungsmodul. Nur so können wir unsere Qualität in allen Bereichen erhalten und beeinflussen. Und es macht natürlich auch einen riesigen Spaß. Die Briefings sind wie das Morgengebet. Sie sind der Segen für einen guten Weg und Tag. Der Betrieb lebt, alle sind wach und reden miteinander. «
RUDI KULL, GASTRONOM UND HOTELIER

» Schnell, sicher und praxisorientiert geben die Autoren ihren Lesern handfeste Anweisungen, wie aus unkoordinierten Mitarbeitern ein leistungsfähiger Fanclub für das Unternehmen und seine Kunden wird. Das reicht von täglichen dreiminütigen Trainings bis hin zur neudefinierten Rolle des Chefs als Gestalter von attraktiver Zukunft und nachhaltigem Erfolg.

Dieses Buch war überfällig. Die Rolle von Service und Training ist im modernen Business gar nicht hoch genug zu bewerten. Auf diesem Feld entscheidet es sich, ob ein Unternehmen kraftvoll und erfolgreich wächst. Power briefing ist völlig anders als die vielen Team- und Meetinganleitungen. Power-briefing macht Spaß – beim Lesen, beim Training und in der Anwendung. « PROFESSOR JÜRGEN KLEIBER-WURM

» Andrea Grudda lernte ich durch ihren Workshop »read lips, watch eyes« bei den Jeunes Restaurateurs 2008 im Schlosshotel Lehrbach kennen. Im Rahmen des Begleitprogramms besuchte ich diese Veranstaltung.

Sie begann so: Die Welt hat sich verändert und ihr müsst euch verändern! Sie sprach mir aus der Seele. Unser Betrieb musste sich ändern, wir wollten nach vorne. Wir hatten ein etwas »angestaubtes«, aber sehr hochwertiges Restaurant und standen kurz davor, mitten in der Hamburger City einen neuen Laden zu eröffnen. Er sollte jung, frisch und dynamisch werden. Ein neuer, zeitgemäßer Geist musste einziehen.

Die Vision für das Interieur und die Speisen war klar und schnell gefunden, aber wie sollten wir unser in manchen Dingen schwer bewegliches Personal in die Neuzeit bringen?

Andrea trainierte unseren Service noch vor der Eröffnung. Sie coachte Abfrage- und Verkaufstechniken, Körperhaltung (dem Gast in die Augen sehen und beim Gehen Schultern runter, Hüfte nach vorne). »Fit & sexy« sollte es werden.

Am Tage des Openings, Anfang Januar 2009, waren Andrea und Hans-Jürgen bei uns, und wir führten das power briefing ein. Es wurden für den Mittags- und den Abendservice Abläufe (Levels) definiert und eingeführt, das Service-Drehbuch wurde vorgestellt und anschließend als Mappe an jeden Mitarbeiter übergeben. Wir machen seit diesem Tag vor jeder Servicezeit ein power briefing von drei bis fünf Minuten. In der Zeit werden Informationen weitergegeben bzw. ausgetauscht. Jeder Mitarbeiter kann sich einbringen. Wir wiederholen unsere Levels oder neue Produkte nochmals, bis jeder alles im Schlaf beherrscht. Durch Lob und Anerkennung gehen die Mitarbeiter hochmotiviert in den Service. Der Umsatz ist gestiegen, da die Auswahltechnik und die Nick-Technik eingesetzt werden und wir dieses ebenfalls täglich beim Briefing besprechen und erweitern.

Neue Azubis und Aushilfen finden extrem schnell den Zugang in das aktuelle Geschehen und fühlen sich dadurch sicherer.

Besser und effizienter geht es nicht. Ich bin ein echter Fan. «

YVONNE TSCHEBULL, RESTAURANT TSCHEBULL, HAMBURG

» Das Seminar zum Thema power briefing hat viele eigentlich ganz einfache, pragmatische Dinge in Erinnerung gerufen, aber auch Diskussionen angeregt und die Mitarbeiter damit zu mehr Kommunikation bewegt. Bei jenen Mitarbeitern, die aufgeschlossen und wissbegierig sind, ist regelrecht der Funke übergesprungen.

Einige Mitarbeiter haben das Seminar schon zum zweiten Mal mitgemacht und haben begeistert festgestellt, dass es immer wieder Punkte gibt, an denen man ständig arbeiten kann. Wenn ich heute, nach sechs Monaten, Mitarbeiter frage, was denn hauptsächlich hängen geblieben ist, dann kommen stets die gleichen Antworten: Immer zwei Dinge zur Wahl anbieten – Adlerblick statt Hühnerblick – tägliches Briefing – loben, loben, loben!

Es gibt noch mehr Punkte: Drehbuch – Briefing im Stehen – Augenkontakt, bis man die Augenfarbe erkennt ... All das ist den Mitarbeitern eine große Hilfe. Neue Mitarbeiter fragen immer wieder, woher diese Dinge stammen.

Für mich persönlich war es eine wunderbare Erfahrung, die ich nicht missen möchte und die ich auch meinen Mitarbeitern nicht vorenthalten will. Wir werden solche Seminare regelmäßig wiederholen, denn sie bringen für jeden einen großen Gewinn und regen die »grauen Zellen« an. Nicht zuletzt ergibt sich auch fürs Unternehmen ein Gewinn, weil die Mitarbeiter tatsächlich besser verkaufen – und vor allem bei allen Gästen gleichmäßig verkaufen. Neue Produkte und Veränderungen lassen sich so besser und schneller umsetzen, und durch das tägliche power briefing bekommen die schwächeren Mitarbeiter ein viel größeres Selbstbewusstsein. Und das alles mit drei Minuten am Tag – chapeau!

Veränderungen bestimmen unser Leben – schön, dass es immer wieder Veränderungen gibt. «

JOHANNES KLING, SÖL'RING HOF, RANTUM AUF SYLT

ÜBER DIE AUTOREN

ANDREA GRUDDA ist in Augsburg geboren und hat dort ihre Ausbildung als Schauspielerin begonnen und in New York abgeschlossen. Neben zahlreichen Engagements war auch die Gastronomie immer wieder ein Standbein in ihrer Laufbahn. Andrea hat sich vor Jahren auf Mode, Lifestyle und Sales-Training im Handel spezialisiert und coacht seit 2005 Unternehmen im In- und Ausland.

HANS-JÜRGEN HARTAUER hat sich nach seiner Ausbildung im Bayerischen Hof in München schon als junger Mann selbstständig gemacht und jahrelang begeistert eigene gastronomische Betriebe geleitet. Er arbeitet seit 1999 als Trainer für Handel, Gastronomie, Hotellerie und in der Tourismusbranche. Er ist ein erfolgreicher Buchautor, gefragter Redner und Mitbegründer der rio*group-munich. Er ist Spezialist für Service & Lifestyle & Sales-Trainings, Service-Strategien, Strategisches Coaching sowie Projektentwicklungen im In- und Ausland.

www.teaching-training.de

ISBN 978-3-87515-065-0
Alle Rechte vorbehalten.
Nachdruck, auch auszugsweise, sowie Verbreitung durch Fernsehen, Film und Funk,
durch Fotokopie, Tonträger oder Datenverarbeitungsanlagen jeder Art nur mit
schriftlicher Genehmigung des Verlags gestattet.
Lektorat: Dr. Ulrike Strerath-Bolz, Friedberg
Fotos: Judith Wagner Fotografie, Düsseldorf
Satz und Gestaltung: die Basis GbR – Ideenwerk. Kommunikation. Design.
Umschlaggestaltung: Büroecco Kommunikationsdesign GmbH, Augsburg
©2012 Matthaes Verlag GmbH, Stuttgart
Printed in Germany